Dedicado a:

Sharon E. Montañez LeDuc

Por:

Redes University 6-30-08

Fecha:

July 1, 2008
1 year Anniversary.

LA FAMILIA

Feliz

LA FAMILIA

Feliz

RESTAURANDO LOS
VALORES DE LA FAMILIA

GUILLERMO MALDONADO

NUESTRA VISIÓN

Alimentar espiritualmente al pueblo de Dios por medio de enseñanzas, libros y prédicas; y expandir la palabra de Dios a todos los confines de la tierra.

La Familia Feliz

Quinta edición 2006

Publicado en la Librería del Congreso
Certificado de Registración: TX 5-803-797

ISBN: 1-59272-024-2

Portada diseñada por:
ERJ Publicaciones

Categoría:
La Familia

Publicado por:
ERJ Publicaciones
13651 SW 143 Ct., #101, Miami, FL 33186
Tel: (305) 233-3325 - Fax: (305) 675-5770

Impreso por:
ERJ Publicaciones, EUA
Impreso en Colombia

Dedicatoria

Dedico este nuevo libro primeramente a mi Señor, a quien le debo todo lo que soy. También, quiero dedicar las palabras de este libro a todas las familias, tanto cristianas como no cristianas, y a todas aquellas parejas que tienen planificado establecer una. ¡En el nombre de Jesús, declaro bendecida toda su familia hasta mil generaciones!

Agradecimientos

Doy gracias a Dios por haberme bendecido con una hermosa familia, la cual es mi inspiración y apoyo incondicional en este ministerio.

También, deseo expresar mi agradecimiento a cada persona que Dios ha puesto en mi camino para aprender de sus experiencias, a los que continuamente me tienen en sus oraciones, y a los que tras bastidores, se han esforzado para que este libro sea hoy una realidad.

Índice

Introducción

El ser humano fue creado y diseñado por Dios para vivir en compañía, según Génesis 2.18. Por lo que podemos afirmar, sin lugar a dudas, que **la familia** es la célula y la base fundamental de la sociedad. Ella está constituida no sólo por los miembros que la componen, sino por el conjunto de relaciones interpersonales que surgen en su dinámica interior.

Por ser **la familia** una institución insustituible, debe ser defendida con todo vigor. Recordemos que la familia ocupa el centro mismo del bien común en sus varias dimensiones; precisamente porque en ella se concibe y nace el individuo. Es necesario, por tanto, velar para que desde su concepción, este ser humano sea amado, respetado y apreciado como valor particular único e irrepetible.

CAPÍTULO UNO

కాతాతా

El matrimonio es un pacto

కాతాతా

L o que vamos a compartir a continuación es la base del resto del estudio acerca de la familia, y es una palabra clave llamada pacto. Hemos visto en la sociedad de hoy, que no hay temor de Dios, por esto el divorcio se efectúa fácilmente; las personas desconocen lo que es un pacto matrimonial. Para entender mejor este concepto, veamos primero lo que es un contrato:

Un **contrato** es un acuerdo entre dos o más personas que se comprometen acerca de algo que tiene estipulaciones concretas. El acuerdo es alcanzado cuando hay una ratificación del documento mediante las firmas de las partes. De esta manera, los interesados vienen a estar ligados a las estipulaciones del contrato.

Ahora veamos lo que es un pacto:

Un **pacto** incluye un contrato, pero es más que un contrato; y la razón de esto es que, el pacto incluye relaciones, no son solamente documentos legales y formales. En un contrato, no se necesita una relación personal entre las partes para firmar el acuerdo. Por ejemplo, al hacer un negocio, yo no tengo que caerle bien a la otra parte para firmar un contrato; la finalidad es, simplemente, hacer la negociación. En un pacto, es diferente; pues debe existir una relación en la cual se basa el pacto.

En resumen, un pacto es un arreglo de un contrato entre dos personas, en el que ambas están ligadas y comprometidas por una relación y mediante un documento legal. Como vimos anteriormente, un pacto no solamente incluye estar ligado a alguien por un documento legal, sino ligado también mediante una relación y una virtud dada por Dios.

La palabra de Dios habla de tres instituciones **de pacto,** las cuales fueron creadas por Dios para llevar a cabo sus planes en este planeta, y son las siguientes:

❖ La familia
❖ La iglesia
❖ El gobierno

La familia y el matrimonio

Hay tres razones por las cuales Dios creó el matrimonio, y solamente una tiene que ver con la felicidad del ser humano, mientras las otras dos están relacionadas con los propósitos de Dios.

• **Para procrear.** Tener hijos, Dios le dijo a Adán: "ve y multiplícate".

*"27Y creó Dios al hombre a su imagen, a imagen de Dios lo creó; varón y hembra los creó. 28Los bendijo Dios y les dijo: Fructificad y multiplicaos; llenad la tierra y sometedla; ejerced potestad sobre los peces del mar, las aves de los cielos y todas las bestias que se mueven sobre la tierra".
Génesis 1.27, 28*

La razón por la cual Dios quiso que las parejas procrearan y tuvieran hijos, no fue solamente para que estos hijos se parecieran a sus padres, sino para que ejercieran dominio y señorío en toda la tierra. Los hijos son la manera en que el nombre de Dios se hace perpetuo, y a través de ellos, Dios llena la tierra y establece dominio y señorío. De esta manera, podemos decir que, cuando nuestros hijos empiecen a dispersarse por todo el mundo, llevarán las marcas y el **nombre de Dios** al mundo.

- **Para que el hombre y la mujer no estuviesen solos.** Ésta es la parte relacionada con la felicidad del individuo. Dios le dijo: "te daré una ayuda idónea".

"¹⁸Después dijo Jehová Dios: No es bueno que el hombre esté solo: le haré ayuda idónea para él". Génesis 2.18

La razón por la cual Dios le dio a Adán una mujer, Eva, fue para completar algo que a él le estaba faltando. Dios no le va a dar una persona idéntica a usted, no sería necesario. La razón es que, a través de su pareja, usted pueda recibir lo que le haga falta para cumplir el propósito de Dios en su vida. La palabra ayuda significa: una que protege, una que cerca, una que rodea.

Cada cónyuge tiene una responsabilidad. Dios nos da una pareja para cumplir el propósito de Él en nuestra vida, y para ser de ayuda mutua.

- **Para que fuese una ilustración divina de la relación entre Cristo y la Iglesia.** Usted es una representación de Jesús en la iglesia. El matrimonio es un modelo de la relación entre Jesús y la Iglesia. La Biblia dice que Cristo es el novio y la Iglesia es la novia y, por esa razón, el matrimonio es una ilustración de la relación de Dios con su pueblo.

Por ejemplo, un matrimonio en el cual su relación no funcione o un divorcio es una mala ilustración ante los ojos del mundo, de la relación entre Jesús y la Iglesia.

Los ingredientes de un pacto matrimonial son:

1. Una relación legal establecida por Dios.

"14Mas diréis: «¿Por qué?». Porque Jehová es testigo entre ti y la mujer de tu juventud, con la cual has sido desleal, aunque ella era tu compañera y la mujer de tu pacto". Malaquías 2.14

La palabra **testigo** significa declarar, afirmar algo como testigo. Dios es el que atestigua en el matrimonio. Hay personas que creen que el matrimonio solamente es un documento legal y ahí se acaba todo, pero cuando ocurre un divorcio, Dios es el acusador de ese divorcio debido a que el matrimonio es un pacto divino y no un pacto humano. Solamente Dios puede romper ese pacto.

"6Así que no son ya más dos, sino una sola carne; por tanto, lo que Dios juntó no lo separe el hombre". Mateo 19.6

El versículo anterior nos da a entender que Dios es el que sella el vínculo.

Una cosa es estar legalmente casado y otra cosa es estar unido por Dios. La ceremonia en el altar es más importante que la ceremonia legal. En el altar, es donde la presencia de Dios se derrama y se sella el pacto matrimonial.

En el momento que se dice en el altar "sí", Dios estampa y sella ese "sí" en el cielo. Puede ir a la corte terrenal y el juez firma el divorcio, pero Dios dice "no" en el cielo. Por lo tanto, el romper el pacto matrimonial tiene grandes consecuencias.

2. **El pacto matrimonial funciona bajo autoridad.**

Dios es la máxima autoridad de nuestro matrimonio y todo el mundo debe estar sujeto a ella. El orden de autoridad es el siguiente:

"3Pero quiero que sepáis que Cristo es la cabeza de todo varón, y el varón es la cabeza de la mujer, y Dios es la cabeza de Cristo". 1 Corintios 11.3

Cuando usted se casa, no es solamente lo que usted y su esposa quieren hacer, sino lo que Dios quiere hacer. Hay creyentes que se divorcian simplemente porque no se llevan bien, no se entienden o no se aman, demostrando así que no hay temor de Dios en sus corazones. Hay hombres y aun ministros del evangelio, aconsejando a parejas el divorcio, pero existe un orden, que es el siguiente: Jesús es la cabeza del varón, por lo tanto, el varón debe estar sometido a Cristo. El varón es la cabeza de la mujer, y por lo tanto, la mujer debe estar sometida al esposo. Este orden Dios no lo estableció para que uno sea superior al otro, sino para que haya un orden y el matrimonio funcione bien.

3. El rompimiento de un pacto divino es muerte.

Cuando una persona rompe un pacto divino, el pago de ese rompimiento es la muerte inmediata. Hay maldiciones que le vienen a las personas que rompen el pacto; pero usted dice: "Pastor, yo me divorcié y aún estoy vivo, nada me ha pasado". No, usted no está muerto físicamente, pero estará pagando otras consecuencias.

"16Y mandó Jehová Dios al hombre, diciendo: De todo árbol del huerto podrás comer; 17pero del árbol del conocimiento del bien y del mal no comerás, porque el día que de él comas, ciertamente morirás". Génesis 2.16, 17

Adán no murió, pero fue incomunicado de su relación con Dios, o sea, fue separado de Dios. También, acarreó con otras consecuencias que podemos observar, las cuales son:

- "Multiplicaré en gran manera los dolores de parto".

- "El deseo será para tu marido". La palabra **deseo** significa controlar y manipular. Siempre la mujer, por muy "santa" que sea, siente el deseo de controlar al marido.

- "Él se enseñoreará de ti".

Cuando usted está "muerto" en un pacto, la vida de Dios no fluye, no importa cuánto dinero tenga. Al decidir por un divorcio se rompe un pacto con Dios, la mano de Dios se corta sobre su vida y la bendición de Dios no estará con usted, independientemente de quién sea la próxima persona con quien se case.

¿Hay una base bíblica para divorciarse?

Hay personas que se divorcian hoy y mañana quieren que se les dé la bendición para un nuevo matrimonio. Yo les digo que "no" porque no quiero matarlos. No se puede romper un pacto y quedar sin consecuencias. La única base bíblica para divorciarse es la del adulterio y la fornicación. El Señor perdona el divorcio si hay un genuino arrepentimiento, pero no se pueden evitar las consecuencias.

"⁹Y yo os digo que cualquiera que repudia a su mujer, salvo por causa de fornicación, y se casa con otra, adultera; y el que se casa con la repudiada, adultera". Mateo 19.9

Recuerde que el divorcio trae muchas consecuencias, por eso antes de tomar la decisión de casarse, ore al Señor seriamente. No romper el pacto matrimonial es una forma de dejar una herencia buena a nuestros hijos. Si usted está a punto de divorciarse, siga luchando y peleando por su matrimonio, que Dios le dará la victoria.

Juntamente con el pacto de Dios, están las bendiciones. Si usted permanece en el pacto, las bendiciones le seguirán. Si está fuera del pacto, las maldiciones le seguirán. Si tiene base bíblica para divorciarse, puede salir del pacto y todavía estar bendecido, pero si no tiene base bíblica para divorciarse, entonces las maldiciones vendrán sobre usted por romper y dejar el pacto. Cuando los padres transfieren la bendición a sus hijos y sus hijos obedecen y la siguen, ellos tienen algo que transferir a sus futuras generaciones.

Dios aborrece el repudio o el divorcio.

"16Porque dice Jehová, Dios de Israel, que él aborrece el repudio y al que mancha de maldad su vestido, dijo Jehová de los ejércitos. Guardaos, pues, en vuestro espíritu y no seáis desleales". Malaquías 2.16

La Iglesia tiene que hacer algo en contra del divorcio, porque el temor de Dios consiste en odiar lo que Dios odia y en amar lo que Dios ama; y Él odia el divorcio y ama el pacto matrimonial. ¿Cuál es la base bíblica para divorciarse? El adulterio y la fornicación.

Es nuestra responsabilidad como pastores, enseñar, guiar e instruir al pueblo acerca de la familia en los siguientes aspectos: cómo tener una familia feliz, los roles y funciones de cada miembro, y guiarlos e instruirlos para que puedan educar a sus hijos.

CAPÍTULO DOS

ళళళ

Los grandes asesinos del matrimonio

ళళళ

E n este capítulo, vamos a estudiar diferentes aspectos de la familia. Hablaremos de las parejas, de los solteros, de los jóvenes, de los problemas más comunes de la familia, entre otros. A través de los años, hemos podido ver que los siguientes aspectos son una plaga que destruye la familia.

1. El exceso de compromisos y agotamiento físico

Estamos involucrados en tantos compromisos, en la escuela, en la universidad, en el trabajo, en la iglesia, en el deporte, en los negocios, que nos agotamos físicamente y no tenemos tiempo para nuestra familia.

¿Qué debemos hacer para vencer a este asesino?

• Establecer prioridades en nuestra vida. La familia debe ser una prioridad, y por eso, debemos separar el tiempo para compartir con ella. Hay personas que tienen muchos compromisos y trabajan tanto que cuando se sientan a la mesa, no disfrutan ese tiempo con la familia ni la comida.

"¹Si Jehová no edifica la casa, en vano trabajan los que la edifican; si Jehová no guarda la ciudad, en vano vela la guardia. ²Por demás es que os levantéis de madrugada y

vayáis tarde a reposar, y que comáis pan de dolores, pues que a su amado dará Dios el sueño". Salmo 127.1, 2

Vivimos en una sociedad muy afanada, ocupada, turbada, que se levanta de madrugada y se acuesta tarde, que no disfruta de lo que trabaja ni disfruta de su familia. En realidad, estas personas terminan perdiendo sus hogares.

¿Cuáles deben ser nuestras prioridades de acuerdo al orden bíblico?

- **Nuestra relación con Dios.** Antes de ir al trabajo, al negocio, a la escuela, debemos tener un tiempo de oración con Él, hablar con Él, porque de esa manera, nos dará la fortaleza para hacer todo en menos tiempo. Cuando ponemos a Dios en primer lugar, Él nos dará la gracia para hacer el resto.

- **Nuestra relación con la familia.** Después del Señor, debemos tener tiempo de calidad para compartir con nuestro cónyuge e hijos. Si la relación con ellos no se cultiva, no podremos sostener nuestro matrimonio.

- **La iglesia.** Cuando hayamos cumplido con los dos anteriores, la siguiente prioridad es la iglesia: asistir, servir y contribuir con los dones, los talentos y el dinero, entre otros.

- **El trabajo.** Desafortunadamente, para la mayoría de las personas, su prioridad es el trabajo; y por esa razón, todo está al revés en su vida; no existe un orden de prioridades en el hogar, y es por esta causa, que muchos hogares están destruidos.

2. El mal uso del dinero

Éste es uno de los grandes causantes de divorcio. ¿Usted sabía que el 80 por ciento de las personas que están en la cárcel es por problemas de dinero? Tres de cada diez parejas se divorcian por problemas financieros. También, se llegó a la conclusión que la mayor parte de las personas que tienen problemas económicos es por el mal uso del dinero o la mala administración del mismo. Muchas personas del pueblo de Dios no tienen planes financieros a largo ni a corto plazo. Todo esto nos hace llegar a la conclusión que el mal uso del dinero es un gran asesino, pero vamos a dar soluciones bíblicas para vencerlo.

¿Quién debe encargarse de la chequera en el hogar: el hombre o la mujer?

- **El hombre.** Podemos dar aquí un consejo, el hombre es el proveedor, el que trae el dinero a la casa; por tanto, tiene la responsabilidad de manejarlo, claro que siempre hay excepciones a la regla. Si el hombre no tiene esa habilidad, ya sea porque desperdicia mucho el dinero o por otra razón, entonces debe delegar a su esposa la autoridad de manejarlo en la casa, pero todo debe ser de mutuo acuerdo.

¿Cómo debe estar distribuido el presupuesto de un hogar cristiano?

Una de las razones por las cuales las personas fracasan financieramente, es porque no tienen un presupuesto, y no saben distribuir su dinero de acuerdo a sus prioridades.

Los niveles básicos de gastos en una familia se dividen en tres categorías:

◈ **Necesidades básicas.** Las necesidades deben ser lo más importante para pagar cuando venga el dinero.

¿Cuáles son las necesidades?

– Diezmo y ofrenda
– Alimentación
– Ropa
– Casa
– Agua
– Luz

Todas éstas son necesidades básicas que deben ser suplidas antes de gastar en otras cosas.

◈ **Carencias.** Éstas son cosas que no son una necesidad, sino que nos gusta tener y disfrutar. Por ejemplo:

– Teléfono

- Televisión, cable
- Carro
- Ropa de marca

⬦ **Deseos.** Son aquellas cosas que no necesitamos para vivir, pero son deseos de nuestro corazón, que las queremos y las deseamos por placer. Por ejemplo:

- Vacaciones y viajes
- Botes
- Carros de carreras
- Ropa de lujo
- Deportes

Utilice la sabiduría para manejar el dinero. Por ejemplo:

- **Evite la especulación.** Busque el aumento de Dios y no la especulación o la falta de ética. Programas que sean ilegales o de falta de ética terminan en la pérdida del testimonio, del dinero y de la credibilidad. Recuerde, lo que siembre, eso recogerá.

  "⁴No te afanes por hacerte rico: sé prudente y desiste. ⁵¿Has de poner tus ojos en las riquezas, que son nada? De cierto se hacen alas como de águila, y vuelan al cielo". Proverbios 23.4, 5

- **Mantenga sus finanzas al día.** Nunca haga algo que arriesgue su libertad financiera; eso incluye hacer compras e inversiones. No dependa de ningún evento futuro; sacrifique sus caprichos y deseos si es necesario.

"28¿Quién de vosotros, queriendo edificar una torre, no se sienta primero y calcula los gastos, a ver si tiene lo que necesita para acabarla?". Lucas 14.28

Antes de comprar algo, pregúntese:

¿Engrandecerá la obra de Dios a través de mí?
¿Es necesario?
¿Puedo vivir sin eso?
¿Es la mejor compra posible?
¿Añade algo a mis relaciones familiares?
¿Se depreciará rápidamente?
¿Requerirá un mantenimiento costoso?

• **Dé antes de prestar a otros.** Un regalo será mayor testimonio para una persona que prestarle algo. ¡Comparta con otros lo que Dios le ha dado!

• **Evite ser aval.** (Un aval es un "fiador" de otros). La Biblia prohíbe ser aval o fiador de otros.

"1Hijo mío, si has salido fiador por tu amigo o le has empeñado tu palabra a un extraño, 2te has enredado con las palabras de tu boca y has quedado atrapado en los dichos de tus labios. 3Haz esto ahora, hijo mío, para librarte, ya que has caído en manos de tu prójimo: Ve, humíllate, importuna a tu amigo, 4no des sueño a tus ojos ni dejes que tus párpados se cierren; 5escápate como

una gacela de manos del cazador, como un ave de manos del que tiende trampas". Proverbios 6.1-5

"¹⁸El hombre falto de entendimiento estrecha la mano para salir fiador en presencia de su amigo".
Proverbios 17.18

Cada vez que usted sirva de fiador de alguien, está desobedeciendo la palabra de Dios.

• **Evalúe las compras basándose en:** las necesidades, las carencias y los deseos. Cada vez que vaya a comprar algo, evalúe cada cosa para poder invertir su dinero sabiamente.

• **Nunca tome decisiones financieras bajo presión ni apresuradamente.** En la mayor parte de los lugares donde compramos, nos piden que tomemos una decisión rápida, presionándonos con mentiras y diciéndonos que esa oferta es única para ese momento y que ya no la van a tener más. ¡Jamás tome una decisión bajo esas condiciones!

• **Si no tiene paz, no compre.** Hay personas que toman decisiones a la ligera y como resultado, fracasan. El sentir paz es un método por medio del cual Dios nos habla y nos deja saber si lo que estamos comprando es una buena decisión o es una decisión equivocada. La falta de paz, es una señal de Dios que nos deja saber que Él no está de acuerdo con la acción a tomar.

La forma bíblica para que una pareja cristiana prospere, es por medio del diezmo y la ofrenda. Si no practicamos este principio, sólo tendremos problemas financieros.

3. **El egoísmo humano**

Podemos definir a una persona egoísta como una persona que solamente busca lo suyo; es totalmente lo contrario del amor.

Cuando en la pareja, uno de los cónyuges da todo el tiempo y el otro recibe todo el tiempo, es imposible que no haya fricciones. Si a los dos solamente les gusta recibir, se hacen pedazos en un corto período de tiempo.

¿Cuál es el origen del egoísmo? El egoísmo se da cuando todavía existe el viejo hombre en una persona, y se conoce cuando ésta sólo busca lo suyo, porque no ha nacido de nuevo. Éste es otro de los grandes asesinos de la familia, y lamentablemente, hay personas buscando el divorcio sin pensar en los hijos, sino en sus propios deseos y satisfacciones. Debemos morir a nosotros mismos y pensar en los que nos rodean, dando amor sacrificado, que es el amor ágape.

Hay dos tipos de personas en el mundo:

❖ **Los que dan.** Son aquellos que la mayor parte de las veces, están dando algo, y siempre están pensando en el otro.

❖ **Los que reciben.** La mayor parte de las parejas que se divorcian es porque uno de ellos sólo recibe y no da algo a cambio.

¿Qué solución podemos dar al egoísmo?

• **Niéguese a sí mismo.**

"²³Y decía a todos: —Si alguno quiere venir en pos de mí, niéguese a sí mismo, tome su cruz cada día y sígame". Lucas 9.23

Cada día, al levantarse, busque negar los deseos de su carne, por ejemplo, su ego y busque bendecir a otros. Más bienaventurado es el que da, que el que recibe.

• **Camine en amor.**

"⁴El amor es sufrido, es benigno; el amor no tiene envidia; el amor no es jactancioso, no se envanece, ⁵no hace nada indebido, no busca lo suyo, no se irrita, no guarda rencor; ⁶no se goza de la injusticia, sino que se goza de la verdad. ⁷Todo lo sufre, todo lo cree, todo lo espera, todo lo soporta". 1 Corintios 13.4-7

Empecemos a buscar la bendición de otros y dejemos a un lado nuestros propios deseos.

4. **La falta de comunicación**

Éste es uno de los mayores asesinos en el hogar. ¿Cómo podemos lidiar con la falta de comunicación?

¿Cuáles son las razones por las cuales se pierde la comunicación en el hogar?

- **La falta de respeto** – esto es cuando uno de los cónyuges no le da al otro el lugar que le pertenece.

- **Las peleas en un tono de voz alto** – por lo general, el hombre no puede tolerar que la mujer le levante la voz. En verdad, ni el hombre ni la mujer lo deben hacer, porque se le da el paso al enemigo para generar problemas mayores.

- **Maltrato verbal** – por ejemplo, cuando el hombre abusa verbalmente de la mujer, diciéndole malas palabras o palabras ofensivas. Esto hace que la mujer se encierre en sí misma y no hable.

- **Tomar el rol o la función equivocada** – cuando uno de los cónyuges toma la responsabilidad que le pertenece al otro. Esto impide que fluya la comunicación en el hogar.

- **El no ser un oidor** – cada vez que uno de los cónyuges empieza a hablar, el otro no lo deja (habla al mismo tiempo, le lleva la contraria sin dejar que termine de expresarse, le da la espalda o simplemente no le da la importancia que se merece); no sabe sentarse a oír lo que el otro tiene que decir y, como resultado, terminan en peleas, porque ninguno de los dos tiene la gentileza de oír.

"19Por esto, mis amados hermanos, todo hombre sea pronto para oír, tardo para hablar, tardo para airarse...".
Santiago 1.19

¿Cuáles son las soluciones para la falta de comunicación?

→ **Aprender a ser un buen oidor,** para que cuando una persona le hable, usted ya pueda tener la respuesta en mente. Cuando aprendamos a poner atención a lo que una persona trata de comunicar, nos evitaremos malos entendidos.

→ **Saber cuando algo necesita ser dicho y decirlo directamente.** Nunca suponga que las otras personas saben lo que usted necesita, piensa o siente, porque no son lectores de mente; por eso, es que debemos hablar claro y directo.

→ **Mantenerse alerta a la importancia del tiempo.**

"23El hombre se alegra con la respuesta de su boca; la palabra a su tiempo, ¡cuán buena es!". Proverbios 15.23

La mayoría de las emociones deben ser comprartidas en el momento en que las experimentamos, porque el retraso las distorsiona.

→ **Asegúrese de saber exactamente qué decir y decirlo.** Cuando usted habla con una persona, ¿quiere compartir sus sentimientos, necesidades, pensamientos u observaciones? A veces, lo que hacemos es mezclar todo. Tenemos que estar seguros qué es exactamente lo que deseamos comunicar.

Más adelante, en el capítulo de la comunicación, vamos a enseñar más acerca de la comunicación en el hogar.

5. La frustración sexual

Cuando uno de los cónyuges no está satisfecho, se abre una puerta al enemigo por medio de la infidelidad, y sabemos que ése no es el camino.

¿Cuáles son las causas de la frustración sexual?

- **Maltrato sexual y físico.** Cuando una persona es maltratada por su esposo, en el momento de la intimidad, no puede responder porque le vienen a la mente todos los maltratos. Esto es más acentuado en la mujer, ya que ella va a la intimidad y responde de acuerdo a las palabras bonitas y a los halagos de su esposo; pero si el esposo la maltrata verbal y físicamente, la mujer se indispone totalmente al acto sexual.

- **Un abuso sexual del pasado.** En algunos casos, uno de los cónyuges ha tenido traumas y heridas del pasado. Como resultado, hay una influencia de un espíritu de frigidez y no puede responder sexualmente a su cónyuge.

- **La falta de amor "eros".** Para que una pareja tenga satisfacción sexual, debe haber amor "eros", que es el amor erótico dado por Dios para que la relación sexual funcione y ambos la disfruten. En algunos casos, este tipo de amor se ha perdido.

- **La pornografía, los juegos de azar y otras adicciones.** La pornografía y la frustración sexual son unas de las causas del divorcio. ¿Por qué? Porque cuando una persona se vuelve adicta a este tipo de estímulo, desea hacer todas las cosas que ve, con su pareja y si el cónyuge no le responde, se frustra sexualmente, y finalmente, buscará a alguien que le pueda satisfacer su deseo depravado. Las adicciones y juegos de azar también afectan los deseos sexuales, destruyen la familia y son causantes de miles de divorcios.

- **Cuando se niega uno de los cónyuges.** La Biblia dice que es pecado negarse sexualmente. Hay muchas parejas frustradas porque uno de ellos se le niega sexualmente al cónyuge.

"5No os neguéis el uno al otro, a no ser por algún tiempo de mutuo consentimiento, para ocuparos sosegadamente en la oración. Luego volved a juntaros en uno, para que no os tiente Satanás a causa de vuestra incontinencia". 1 Corintios 7.5

¿Cuáles son algunas de las soluciones a la frustración sexual?

- ❖ **Busque consejería bíblica.** La palabra de Dios le ayudará a encontrar la salida para que pueda comenzar a hacer cambios. Busque personas que tienen el consejo de Dios.

- ❖ **Busque liberación y sanidad interior.** Algunas veces, es algo espiritual que no le deja ser como usted quiere ser, y necesita ser liberado o ministrado.

6. El fracaso en los negocios

El fracaso en el trabajo o en el negocio puede producir frustración e irritabilidad, y muchas veces, esa ira y ese enojo son descargados en la familia, causando problemas graves en las relaciones familiares hasta llegar a la destrucción de las mismas.

7. El éxito en los negocios

Aunque no parece, tener éxito en los negocios es casi tan riesgoso como fracasar en ellos. De nada nos sirve tener éxito si perdemos a nuestros hijos y a nuestra familia. Por eso, es que debemos tener las prioridades en orden. Es bueno tener éxito en los negocios, pero primero debemos luchar por el éxito en la familia. ¿A costa de quién ha prosperado? ¿Del tiempo de su familia, del tiempo de Dios, y ahora, todo lo que ha hecho no lo puede disfrutar?

"13Hay un mal doloroso que he visto debajo del sol: las riquezas guardadas por sus dueños para su propio mal, 14las cuales se pierden por mal empleadas, y al hijo que ellos engendraron nada le queda en la mano". Eclesiastés 5.13, 14

"9Asimismo, a todo hombre a quien Dios da bienes y riquezas, le da también facultad para que coma de ellas, tome su parte y goce de su trabajo. Esto es don de Dios". Eclesiastés 5.19

Es importante disfrutar lo que hemos obtenido materialmente, pero es más importante amar cuidar y proteger nuestra familia.

8. Casarse demasiado joven

Las estadísticas dicen que los jovencitos entre las edades de 17 y 20 años tienen mayor posibilidad de divorciarse, que los jóvenes entre las edades de 21 y 25 años. Vivimos en una sociedad donde se piensa que el matrimonio simplemente es juntarse, y si no funciona, se recurre al divorcio.

¿Cuándo un joven está listo para casarse?

❖ **Cuando Jesús es el centro de su vida;** es decir, cuando se está enamorado de Jesús, cuando Él es su Señor, cuando le sirve y está haciendo lo que Dios le ha pedido.

❖ **Cuando hay una estabilidad financiera.** Hay muchos jóvenes que no tienen un buen trabajo, y apenas ganan para pagar sus cuentas. No reciben lo suficiente para casarse.

❖ **Cuando se ha logrado una carrera.** Yo creo que todo joven puede ser una persona espiritual, pero también intelectual. El lograr una carrera le ayudará a conseguir mejores trabajos y a ganar mejores sueldos que el resto de las personas que no han tenido estudio.

❖ **Cuando se llega a ser emocionalmente estable.** Si un joven todavía depende de la dirección de sus padres para tomar sus propias decisiones, esto evidencia que aún no ha logrado alcanzar totalmente la madurez emocional que se requiere para asumir un compromiso tan serio como el matrimonio.

Considero, que todos estos puntos ayudarán a aquellos jóvenes que están en el proceso de casarse, para que no cometan los mismos errores que otros han cometido.

Los jóvenes se casan por diferentes razones equivocadas:

→ **Porque ella está embarazada.** Una recomendación pastoral a los padres: nunca obligue a su hija a casarse si ella no ama, porque serán dos errores en vez de uno.

→ **Para salir de la casa.** Cuando continuamente existen problemas en la familia, esto generalmente causa el deseo de huir. Entonces, piensan que el casarse es la solución; pero esto es un grave error.

→ **Por el peso de la soledad.** Algunos jóvenes cometen el error de casarse porque buscan compañía, sin saber que esto es incorrecto.

→ **Por la locura de las hormonas.** En el período de la juventud, si la persona no está consagrada y dedicada a Dios, las hormonas lo llevan a hacer locuras.

9. Los suegros

Dios estableció en su Palabra, que una persona después que se casa debe dejar a su padre y a su madre; pero cuando se viola este principio, el resultado es el divorcio.

"24Por tanto dejará el hombre a su padre y a su madre, se unirá a su mujer y serán una sola carne". Génesis 2.24

Hay hijos e hijas que tienen una gran dependencia de sus padres, pero deben recordar que una vez que se casan, primero es el cónyuge y después el padre y la madre. Lamentablemente, la dependencia emocional y espiritual impiden a estos hijos aprender a ser independientes, y esto les va a afectar en su relación de pareja.

El vivir con los suegros después de casarse, es arriesgar su matrimonio al divorcio.

¿Cuál es la solución a este problema?

Si le es posible, despéguese de sus suegros y tome las riendas de su hogar. El hombre se siente respetado y la mujer segura cuando no hay malos consejos e influencias exteriores. Busque a su pastor, a un líder o alguien responsable para que le den un consejo sabio.

10. Los celos infundados

Hay un sinnúmero de parejas que se divorcian por los celos infundados. Lo que pasa con las personas celosas es que el enemigo les hace ver las cosas más allá de la realidad.

Hay dos tipos de celos:

❖ **El celo diabólico.** Este tipo de celo está basado en la inseguridad y el temor. Es un celo perverso. La persona siente un gran temor de perder lo que tiene. Este celo puede causar el divorcio en una pareja. La persona que teme lleva en sí castigo, pues siempre está pensando que alguien le va a quitar el cónyuge.

"34Porque el hombre enfurecido por los celos no perdonará en el día de la venganza...". Proverbios 6.34

❖ **El celo santo**

"5No te inclinarás a ellas ni las honrarás, porque yo soy Jehová, tu Dios, fuerte, celoso, que visito la maldad de los padres sobre los hijos hasta la tercera y cuarta generación de los que me aborrecen...". Éxodo 20.5

Dios es un Dios celoso. Éste es el tipo de celo que protege algo que es suyo, y no está basado en la inseguridad ni en el temor, sino en el amor. Es decir, "te cela porque te ama". ¿Es lícito celar a su cónyuge? Sí, es lícito celar lo que es suyo, pero que sea un celo santo. En otras palabras, este celo surge cuando hay un peligro eminente, pero no cuando son sólo imaginaciones.

"5¿O pensáis que la Escritura dice en vano: «El Espíritu que él ha hecho habitar en nosotros nos anhela celosamente?". Santiago 4.5

El Señor se pone celoso cuando uno de sus hijos se envuelve en amistad con el mundo.

La persona con un celo enfermizo, se aferra a lo que tiene y hace todo lo posible para no perderlo, entonces manipula y controla. El temor tiene sus raíces en: "el perder algo".

¿Cuáles son las características de una persona celosa?

- Posesiva
- Manipuladora y controladora (siempre quiere sentirse en control)
- Egoísta
- Insegura
- Temerosa

¿Por qué algunas personas son celosas?

Hay varias razones, puede ser por traumas, heridas del pasado, abandono, rechazo por parte de los padres y la diferencia de edad en la pareja; muchos cónyuges se sienten demasiado viejos o jóvenes para estar con la pareja.

¿Cuál es la solución a los celos?

- **Aprender a confiar en Dios.** Confiar significa entregarse, rendirse, darse a Dios sin reservas. Entregue a Dios su familia y ponga en Él su confianza.

- **Renuncie a todo espíritu de celo.** Debido a los traumas y a las heridas del pasado, se abren puertas a un espíritu de celo. Por eso, es necesario ser liberado para que el hogar funcione normalmente y la persona pueda confiar en su cónyuge.

Existen más asesinos del matrimonio, pero hemos estudiado y escogido los más comunes en la sociedad de hoy.

Lamentablemente, algunos de estos asesinos del matrimonio están dañando los hogares, incluso de los mismos cristianos. Por eso, es fundamental que hagamos un autoanálisis, con el fin de identificar estos elementos que están minando nuestra relación familiar y de pareja, y de esta manera, desecharlos por completo para empezar de nuevo. Debemos corregir lo que hemos estado haciendo mal, y la única manera de lograrlo, es mediante el arrepentimiento profundo y la intervención sobrenatural de Dios en nuestra vida.

CAPÍTULO TRES

ॐॐॐ

Las diferencias entre el hombre y la mujer

ॐॐॐ

A continuación, vamos a estudiar un poco acerca de la estructura emocional y espiritual de la mujer.

La estructura de la mujer

❖ **Intuitiva.** Tiene un radar espiritual para discernir las cosas. Cuando va a haber un problema, ya ella lo puede ver venir. La mujer tiene mayor discernimiento espiritual que el hombre.

❖ **Sensible.** Es más sensible a los problemas y a las necesidades de las personas, que los hombres.

Dios le dio la intuición y la sensibilidad para sentirse segura y amada.

• **Disfruta la sexualidad diferente.** La mujer disfruta la sexualidad por una necesidad interna, por el romanticismo, la intimidad, la delicadeza y la ternura. Antes que la mujer pueda llegar al orgasmo, es importante que oiga palabras de amor y que hayan caricias. Ella no puede ser feliz en el sexo hasta que no recibe amor verbal y físico.

La estructura del hombre

• **Es más lógico.** Generalmente, el hombre es más práctico para tomar decisiones. Toma más en cuenta el razonamiento y la lógica, mientras la mujer ve lo espiritual. La mujer se enfoca en los pequeños detalles, sin embargo, el hombre siempre va "al grano", no anda dando vueltas para llegar al asunto.

- **Es menos sensitivo**. Según explicamos anteriormente, el hombre debe trabajar y desarrollar el área de la sensibilidad. La mujer ve una necesidad y es sensitiva a ella, sin embargo, el hombre permanece insensible.

- **Disfruta la sexualidad diferente**. El hombre disfruta la sexualidad por un acto externo o una necesidad externa. Es atraído por los ojos y esto lo lleva a buscar y a disfrutar el sexo.

- **Es menos comunicativo que la mujer.** En todas mis consejerías matrimoniales, me he encontrado con este problema: el hombre no habla ni conversa, y como resultado, la mujer se frustra.

Las diferencias físicas entre el hombre y la mujer

Hombre	Mujer
• Huesos más grandes	• Huesos más pequeños
• Más sangre (4.7 litros) • Hombros más anchos • Más fuerza física (40% mayor)	• Menos sangre (3.5 litros) • Hombros menos anchos • Menos fuerza física
• El hombre sólo usa un hemisferio del cerebro, y eso lo hace más lógico.	• La mujer usa los dos hemisferios del cerebro, y eso la hace más intuitiva.

Hombre	Mujer
• La piel del hombre tiende a ser menos sensible y delicada.	• La mujer tiene la piel siete veces más sensible y delicada que la del hombre
• El hombre tiene la cadera angosta	• La mujer tiene la cadera ancha
• El hombre habla 2,500 palabras por hora.	• La mujer habla 5,000 palabras por hora.

¿Cuál es el propósito de ser diferentes?

La importancia de que ambos sean diferentes es para que puedan complementarse el uno al otro. Algunas parejas no toman ventaja ni aprovechan el hecho de que el cónyuge sea diferente. En medio de tanta diversidad, puede haber unidad; las diferencias hacen el complemento. Hay diferentes tipos de temperamentos, tales como: melancólico, sanguíneo, colérico y flemático. Aunque estos temperamentos aparecen en las personas mezclados entre sí, no obstante, generalmente sobresale uno más que otro. En otras palabras, aunque un individuo tenga rasgos del temperamento flemático, será colérico si predominan los rasgos del temperamento colérico. Algunos de estos temperamentos se pueden complementar los unos con los otros, por ejemplo, sanguíneo y flemático; el sanguíneo, es impulsivo, es alguien que es muy activo, extrovertido y le gusta hablar mucho, pero el flemático es más ecuánime, es el tipo de temperamento que se caracteriza por la tranquilidad, nada lo saca de sus casillas y hace las cosas con lentitud. Si una persona de temperamento sanguíneo se casa con un flemático, éste le pone el balance. Es importante que cada uno de nosotros conozca su temperamento para poder complementarnos el uno al otro.

Las diferencias se tornan en unidad

La unidad matrimonial es en tres áreas.

"24Por tanto dejará el hombre a su padre y a su madre, se unirá a su mujer y serán una sola carne". Génesis 2.24

* ❖ Espiritual
* ❖ Emocional
* ❖ Física

La unidad espiritual. *"Serán una sola carne".* ¿Cuáles son los elementos que debemos tener en cuenta para obtener la unidad espiritual?

→ **Un hogar Cristo céntrico.**

"21...pues todos buscan sus propios intereses y no los de Cristo Jesús". Filipenses 2.21

En un hogar Cristo céntrico ambos buscan de Cristo y no cada uno lo suyo. El propósito de buscar la unidad espiritual es tener un hogar donde las metas sean exaltar el nombre de Jesús. Orar juntos, servir juntos y hacer la voluntad del Señor. Un hogar donde Jesús no es el centro, va rumbo al fracaso. Jesús debe ser la prioridad en un hogar, y si Dios no es primero, ninguna otra cosa funcionará.

→ **Construir un altar familiar.**

*"30Entonces dijo Elías a todo el pueblo: «Acercaos a mí».
Todo el pueblo se le acercó, y Elías arregló el altar de Jehová
que estaba arruinado". 1 Reyes 18.30*

Altar: Es un lugar de adoración y de oración, donde la familia se reúne para adorar a Dios.

Nuestra conducta es el resultado de nuestra relación con Dios. Mientras se mantenga orando y buscando de Dios, le será fácil controlar los apetitos de la carne, que son: la ira, el enojo, la soberbia y el orgullo. ¡Reconstruya su altar otra vez!

Uno de los problemas de esta nación es la falta de tiempo. Debemos dedicar tiempo a nuestra relación con Dios, tener un altar junto a toda la familia. La oración mantiene el hogar unido. Cada uno de nosotros debe tener un altar con Dios, pero también, debe tener un altar familiar para orar y leer la palabra de Dios.

→ **Unidad espiritual en la visión y el llamado del cónyuge**

Quizá no le guste el llamado o lo que hace su cónyuge, pero Dios le dio como pareja a esa persona. Debe apoyarla en su llamado y levantarla cuando se desanime. En el momento de dar cuentas como pareja ante Dios, los dos son responsables por el llamado de cada uno. (Cuando hablo del llamado, me refiero a la vocación del cónyuge).

Si en lo espiritual no se llega a una unidad, es muy difícil ponerse de acuerdo en el área emocional y física. Cuando el matrimonio está basado sólo en la atracción física y emocional, está caminando sobre la arena.

Cualquier falta de unidad en el área emocional o en el área física, se puede superar si se logra la unidad espiritual.

El poder de la unidad espiritual

"19Otra vez os digo que si dos de vosotros se ponen de acuerdo en la tierra acerca de cualquier cosa que pidan, les será hecho por mi Padre que está en los cielos...".
Mateo 18.19

El enemigo odia la unidad en el matrimonio, porque cuando los dos cónyuges se ponen de acuerdo, son poderosos en todo lo que hacen. Para obtener la unidad espiritual, se necesita: buscar la paz, el esfuerzo, el trabajo, negarse a sí mismo y caminar en amor.

Recordemos que Dios nos hizo diferentes para que nos complementemos el uno al otro. Debemos buscar la unidad para beneficio de nuestro matrimonio, de nuestros hijos y para la gloria de Dios.

- **La unidad emocional**

   Esta parte tiene que ver con poder entenderse el uno al otro en el área afectiva, por ejemplo:

sentimientos, deseos, aspiraciones, gustos, metas, sueños, entre otros. También, los cónyuges deben conocer sus fortalezas y sus debilidades para unir esfuerzos y apoyarse mutuamente, con el fin de lograr un mejor entendimiento entre sí.

- **La unidad física**

Ésta es la unidad de la consumación del área espiritual y emocional. Esto es el sello para expresar el amor. Dios hizo al hombre y a la mujer diferentes con el propósito de que esas diferencias complementen el uno al otro, y puedan llegar a ser una sola carne, en espíritu, alma y cuerpo.

CAPÍTULO CUATRO

ﻬﻬﻬ

Responsabilidades, roles o funciones del hombre y la mujer

ﻬﻬﻬ

C uando hablamos de roles o responsabilidades, estamos hablando de funciones en el hogar. Algunas veces, uno de los cónyuges tiene problemas porque no sabe su función, su rol o su responsabilidad. Antes de comenzar a definir el rol del hombre y de la mujer, debemos saber cuáles son las necesidades de cada uno.

Lo que la mujer busca:

- **Amor** – Dios, a través de toda Su palabra, le dice al hombre que ame a su mujer.

> *"25Maridos, amad a vuestras mujeres, así como Cristo amó a la iglesia y se entregó a sí mismo por ella, 26para santificarla, habiéndola purificado en el lavamiento del agua por la palabra, 27a fin de presentársela a sí mismo, una iglesia gloriosa, que no tuviera mancha ni arruga ni cosa semejante, sino que fuera santa y sin mancha. 28Así también los maridos deben amar a sus mujeres como a sus mismos cuerpos. El que ama a su mujer, a sí mismo se ama...". Efesios 5.25-28*

- **Seguridad** – En lo más profundo de su corazón, busca sentirse segura, especialmente en sus valores, en su casa y en la economía. Hay tres áreas más acentuadas, donde la mujer necesita seguridad y son: en los valores espirituales, en los valores del hogar y en la economía.

- **Protección** – Cuando la mujer se casa, su esposo viene a ser su protector como lo era su padre; por naturaleza, la mujer necesita una cobertura que le dé la protección adecuada; es una necesidad básica.

Lo que el hombre busca:

❖ **Respeto** – Para el hombre, el respeto es muy importante. Vemos que el hombre mata, miente, roba y hace muchas cosas para conseguirlo.

"33Por lo demás, cada uno de vosotros ame también a su mujer como a sí mismo; y la mujer respete a su marido". Efesios 5.33

Uno de los grandes temores de un hombre es que le pierdan el respeto, especialmente en su hogar, su esposa y sus hijos.

¿Qué significa respeto? Es honrar, es dar a alguien el lugar que le pertenece. Toda mujer debe apoyar a su esposo, trabajar junto a él, pero no en el lugar de él.

Algunos ejemplos de cómo la mujer puede incurrir en la falta de respeto hacia su esposo:

- Alzar el tono de voz.
- Tomar decisiones espirituales, financieras y del hogar sin contar con la aprobación del esposo.

- Contradecir al esposo y mandarlo a callar en público.
- Criticar al esposo en público.
- Quitarle autoridad en la corrección de los hijos.

Cuando amamos a una persona, deseamos contar con su respeto; pero cuando más la conocemos, más difícil resulta mantener el mismo grado de respeto, porque es cuando más le conocemos sus debilidades.

❖ **Admiración.** Éstos son los complementos con referencia a sus deberes y a sus funciones como líder del hogar. Cuando la mujer se siente amada y segura, y el hombre se siente respetado y admirado, entonces, cada uno empieza a cumplir con sus deberes conyugales. ¿Cuáles son los roles y responsabilidades del hombre como esposo?

Desde el principio, vemos que Dios puso al hombre como Señor de todo y a la mujer como ayuda idónea para el hombre. Es el hombre quien debe dar inicio a sus roles o funciones, y como respuesta, la mujer lo seguirá.

Responsabilidades o roles del hombre

1. **El hombre debe amar a su mujer:** Según explicamos anteriormente, a través de toda la Biblia, se le ordena al hombre amar a su mujer, ya que es una de sus grandes necesidades.

   "25Maridos, amad a vuestras mujeres, así como Cristo amó a la iglesia y se entregó a sí mismo por ella...". Efesios 5.25

63

¿Cómo un hombre debe amar a su mujer?

- **Amor verbal.** En cada momento y en cada instante, debe brindarle palabras de afirmación, tales como: "estás muy linda hoy", "te quedó deliciosa la comida", "te amo", "eres especial", entre otros.

- **Amor emocional.** La mujer pasa por momentos difíciles, como el embarazo, la menopausia y otros. Es importante que el esposo la apoye emocionalmente, estando con ella cuando lo necesite.

- **Amor físico.** El hombre debe dar amor a su mujer con pequeños detalles físicos, tales como: caricias, abrazos, besos y otros. Esto traerá seguridad a la mujer. Cuando el hombre inicia dando amor a su mujer, ella contesta con sumisión.

2. Sacerdote espiritual o líder espiritual del hogar.

"3Pero quiero que sepáis que Cristo es la cabeza de todo varón, y el varón es la cabeza de la mujer, y Dios es la cabeza de Cristo. 4Todo varón que ora o profetiza con la cabeza cubierta, deshonra su cabeza". 1 Corintios 11.3, 4

Sacerdote o líder. Un sacerdote es el responsable por el desarrollo espiritual, individual y congregacional de su familia. El sacerdote del hogar es el que marca las pautas espirituales. Un líder hace que las cosas marchen bien; es la cabeza del hogar, o sea, el que toma la responsabilidad. El hombre debe ser más consagrado que su mujer.

¿Cuáles son las responsabilidades del hombre como sacerdote y líder espiritual?

❖ **El hombre debe ser el primero en ofrendar.** La bendición de un hogar y la organización del mismo comienzan por la cabeza. Cuando el hombre es el ejemplo en traer la ofrenda, entonces Dios lo bendice financieramente.

❖ **El hombre debe ser el primero en orar.**

"⁸Quiero, pues, que los hombres oren en todo lugar, levantando manos santas, sin ira ni contienda".
1 Timoteo 2.8

Deben ser los primeros en buscar a Dios, y luego, toda la familia lo seguirá.

❖ **El hombre debe ser el primero en adorar.** Cuando regresa del servicio y cuando está en la casa, el hombre alaba y adora al Señor. Cuando el hombre hace esto, la mujer se siente segura y entonces, hay una respuesta de parte de ella que es el respeto y la admiración.

Hay gran escasez de hombres espirituales en todo el cuerpo de Cristo. En todas las iglesias, las mujeres son las que interceden, las que sirven y las que llevan la carga espiritual del hogar.

La mayor parte de los problemas matrimoniales ocurren porque el hombre no está ejerciendo su función como líder espiritual.

3. El nutridor emocional del hogar.

"⁷Antes bien, nos portamos con ternura entre vosotros, como cuida una madre con amor a sus propios hijos".
1 Tesalonicenses 2.7

El nutridor emocional es el que ayuda a construir y a edificar el carácter de una persona. Uno de los roles del hombre es edificar el carácter de su familia con palabras de ánimo y afirmación. Algunas veces, un miembro de la familia tiene un sentimiento de inferioridad y de baja autoestima, entonces el papel del nutridor es apoyar y levantar.

¿Cuándo el hombre debe nutrir a su familia? En momentos de crisis. Debe ser un apoyo emocional en el momento de enfermedad, tristeza, entre otros. Dando e impartiendo amor incondicional.

La palabra **sustentar** significa alimentar hasta llegar a la madurez. Nuestro soporte emocional no termina hasta que se llegue a la madurez. Cuando un hombre es nutridor emocional, la mujer responde con admiración.

La mujer **necesita** el mayor apoyo emocional del marido en tres etapas de su vida. Éstas son:

❖ En el período menstrual.
❖ En el embarazo y después del embarazo.
❖ En la etapa de la menopausia.

Durante su desarrollo, los hijos necesitan ser afirmados. Paremos de maldecir a nuestros hijos con nuestras palabras. Si somos nutridores, levantémosles su estima.

4. **El proveedor del hogar.** Es uno que suple las necesidades materiales de la familia. Para ser un buen proveedor, tiene que ser un buen trabajador. Dios no bendice a los vagos.

"10Todo lo que te venga a mano para hacer, hazlo según tus fuerzas, porque en el Seol, adonde vas, no hay obra, ni trabajo ni ciencia ni sabiduría". Eclesiastés 9.10

Hoy día, nos encontramos con hombres cristianos que no proveen para su casa y son peores que un incrédulo.

"8Porque si alguno no provee para los suyos, y mayormente para los de su casa, ha negado la fe y es peor que un incrédulo". 1 Timoteo 5.8

Para que Dios le bendiga como proveedor, usted debe:

❖ Tener el deseo de trabajar.

"24Lo que el malvado teme, eso le sobrevendrá, pero los justos recibirán lo que desean". Proverbios 10.24

❖ Hacer el esfuerzo.

"6Esfuérzate y sé valiente, porque tú repartirás a este pueblo como heredad la tierra que juré dar a sus padres". Josué 1.6

Cuando el hombre de su hogar no es proveedor, trae inseguridad a la familia, y como resultado, la mujer no se siente protegida ni segura.

5. **El protector de la familia.** Es uno que protege a su familia física y espiritualmente. Un hombre que es protector apoya a su familia en momentos de crisis y lucha por sus hijos para darle mejor educación.

   El hombre como protector es el que trae seguridad a la familia, pero no se puede traer seguridad si él mismo tiene muchas inseguridades o es de doble ánimo para tomar decisiones. Los hombres indecisos, inmaduros, egoístas, no traen seguridad a la familia.

6. **El progenitor del hogar.** De los lomos de un hombre, salen cuatro generaciones. Él es responsable de ellas, y éstas dependen para bien o para mal de las decisiones que haga como hombre. Los hombres somos responsables por nuestros hijos. Tomemos decisiones sabias hoy, para que en el día de mañana, no tengamos de qué lamentarnos.

7. **Desarrollador y cultivador.** Cada hombre fue hecho por Dios para desarrollar y cultivar todo lo que sale de él. Dios le dijo que cultivara la tierra. Creemos firmemente que si el hombre hace el trabajo efectivamente, no va a morir con la misma mujer que se casó, porque cuando se casó con ella, era una mujer muy diferente, pero a medida que pasó el tiempo, el hombre la fue cultivando y cambió para bien; entonces, murió con la misma mujer, pero cambiada.

   Cuando el hombre toma la iniciativa para cumplir con sus roles, funciones y responsabilidades, entonces la mujer lo sigue.

Responsabilidades o roles de la mujer

1. La mujer debe ser la ayuda idónea de su marido.

"18Después dijo Jehová Dios: No es bueno que el hombre esté solo: le haré ayuda idónea para él". Génesis 2.18

Para poder entender mejor esta responsabilidad definamos qué es ayuda.

Ayuda – Es la palabra hebrea *"ezer"*, y significa cercar, rodear, proteger, socorrer, auxiliar en momentos de crisis y dificultad. Así que, Dios le dio al hombre la mujer, para que lo rodee, lo cerque, lo proteja y lo socorra en momentos de dificultad y crisis. Ayuda, también significa, una igual.

Hay mujeres que hacen lo contrario, en vez de ser una ayuda idónea, lo critican y lo hieren. Hay momentos que el hombre necesita de la mujer. Por ejemplo, cuando tiene problemas financieros o cuando toma decisiones equivocadas; en vez de criticarlo, ore por él y cérquelo en oración.

Recuerde que la mujer fue llamada a ayudar y a trabajar juntamente con el hombre, pero no para hacer el trabajo del hombre. La mujer sabia sabe animar a su esposo en los fracasos.

2. La mujer debe someterse a su esposo.

"22Las casadas estén sujetas a sus propios maridos, como al Señor, 23porque el marido es cabeza de la mujer, así como

Cristo es cabeza de la iglesia, la cual es su cuerpo, y él es su Salvador. [24]Así que, como la iglesia está sujeta a Cristo, así también las casadas lo estén a sus maridos en todo".
Efesios 5.22-24

La palabra sumisión se ha tergiversado y ha sido mal explicada, y por eso, cuando a una mujer se le habla de sumisión, le da terror, simplemente de oír esa palabra.

La palabra sumisión es una buena palabra porque Cristo se sometió a sí mismo a la voluntad del Padre.

Algunos conceptos equivocados acerca de la sumisión:

- La sumisión no tiene que ver con desigualdad o inferioridad. Jesús es igual a Dios y al someterse no se hizo inferior. La mujer es igual al hombre y someterse a él, no la hace inferior.

"[26]...porque todos sois hijos de Dios por la fe en Cristo Jesús, [27]pues todos los que habéis sido bautizados en Cristo, de Cristo estáis revestidos. [28]Ya no hay judío ni griego; no hay esclavo ni libre; no hay hombre ni mujer, porque todos vosotros sois uno en Cristo Jesús".
Gálatas 3.26-28

- El hecho de que la mujer se someta al marido no la hace menos, porque son iguales ante los ojos de Dios.

Mujer, el hecho de que se someta a su esposo, no significa que usted es una alfombra o que es inferior a su esposo. Todos somos hijos e hijas de Dios, pero cuando cumplimos el programa y el propósito de Dios en el hogar, la sumisión es absolutamente necesaria. Jesús se sometió al Padre para llevar a cabo un plan y un propósito, y ése fue el plan de salvación.

- Someterse a su esposo no significa que usted tiene que estar de acuerdo en todo con él, significa reconocer su posición como cabeza para cumplir el programa que Dios le ha dado a la familia.

Somos iguales en esencia, pero somos diferentes en función.

Algunas veces, usted no está de acuerdo con su jefe, pero usted se somete. Puede ser que no esté de acuerdo con el juez, pero usted se somete. Más que someterse a una persona, usted se somete a una "posición". Dios llamó a su esposo a una posición, y es ser la cabeza del hogar.

¿Qué es sumisión bíblica?

Sumisión es ser enseñable y adaptable ante una autoridad. Significa responder al amor de alguien. Cuando el hombre ama a su mujer, la mujer responde con sumisión y se adapta a la autoridad de él.

La diferencia entre obediencia y sumisión es:

Obediencia: Es obedecer a la autoridad por temor y por evitar consecuencias.

Sumisión: Es someterse a la autoridad con una actitud interna de gozo y deleite; conduciéndonos a ser enseñables y adaptables.

Recuerde, la clave de la sumisión de la mujer hacia el hombre, se encuentra en el mismo hombre. Cuando la mujer se siente amada por el esposo, se le hace más fácil ir de obediencia a sumisión. La obediencia es relativa, la sumisión es absoluta.

¿Hasta qué punto debe someterse la mujer a su marido?

"²²Las casadas estén sujetas a sus propios maridos, como al Señor, ²³porque el marido es cabeza de la mujer, así como Cristo es cabeza de la iglesia, la cual es su cuerpo, y él es su Salvador. ²⁴Así que, como la iglesia está sujeta a Cristo, así también las casadas lo estén a sus maridos en todo". *Efesios 5.22-24*

"En todo", "como al Señor". Mujer, esto es clave, porque cuando el esposo deja al Señor, él ya no actúa como su cabeza. Nunca desobedezca al Señor para seguir a su esposo. Pero si su esposo está trabajando para servir al Señor, no le lleve la contraria, si está tratando de aplicar el sermón de la semana pasada, ayúdelo, quizás él no lo está haciendo muy bien; quizás no lo está haciendo perfectamente, pero lo está intentando; él necesita una ayuda.

Cada mujer debe decirle a su esposo: "desde hoy tú eres mi líder, Dios te ha puesto como cabeza del hogar, yo te voy a honrar, me voy a someter a ti, te voy a seguir como cabeza del hogar, solamente te pido, mi amor, que me hagas un favor, no me apartes ni me separes de Dios. Porque si me separas y me alejas de Dios, yo tengo que dejarte y tengo que irme con mi primer amor (Dios); yo no te quiero dejar, pero si tú sigues a mi primer amor, yo te voy a seguir a ti y a Él".

El esposo necesita escuchar esas palabras de su esposa, que se dé cuenta que puede ser una persona cualquiera en el centro de la ciudad, pero cuando viene a su hogar, él es el rey de su casa.

¿Cuáles son las dos áreas en las cuales la mujer no debe ni puede someterse?

- Si el hombre le pide algo a su mujer y ella se siente mal en su conciencia, entonces no se puede someter.

- Cuando el hombre deja de ser la cabeza. Esto es dejar al Señor y comprometer la palabra de Dios. Si el esposo no está siendo el líder y la cabeza del hogar, la mujer no puede someterse. Por ejemplo, si su esposo le pide que no vaya más a la iglesia porque él no quiere ir, usted como mujer no le puede obedecer, porque va en contra de la voluntad de Dios. Si su esposo le pide que no vaya más a la iglesia y le obedece, su matrimonio y su casa quedarán en ruinas.

¿Por qué a la mujer se le hace difícil someterse?

- ❖ **Abuso de autoridad en el pasado.** Cuando la mujer ha visto el maltrato de su padre hacia su madre, u otro abuso de una figura que representa autoridad en su vida, se le hace difícil someterse. ¿Cuál sería la solución? La liberación y la sanidad interior.

❖ **La maldición del pecado original.**

"16A la mujer dijo:—Multiplicaré en gran manera los dolores en tus embarazos, con dolor darás a luz los hijos, tu deseo será para tu marido y él se enseñoreará de ti". Génesis 3.16

Cuando Eva y Adán desobedecieron en el huerto del Edén, la acción de cada uno trajo consecuencias, como lo mencionamos anteriormente, una de ellas es el deseo de la mujer por controlar y el del hombre por enseñorearse. Para comprender mejor este concepto, veamos qué significa deseo:

La palabra **deseo** significa controlar, manipular, dominar. Por naturaleza el deseo de la mujer siempre será controlar, dominar y manipular al marido. Sin embargo, el deseo del hombre es enseñorearse de su mujer, esto es, aplastarla y ser una especie de dictador (machista). La mujer, por muy santa y consagrada que sea, siempre tendrá la tendencia de controlar al esposo; eso es parte de la maldición original. La mujer tiene que saber que en su naturaleza, no está el someterse al marido; por lo tanto, tiene que pedir la ayuda del Espíritu Santo.

¿Cómo someterse a aquellos esposos que todavía no han llegado a tomar la posición de cabeza?

"¹Asimismo vosotras, mujeres, estad sujetas a vuestros maridos, para que también los que no creen a la palabra sean ganados sin palabra por la conducta de sus esposas...".
1 Pedro 3.1

La palabra **conducta** significa el acto, manera o proceso de comportarse. La manera o patrón de comportamiento personal especialmente basado en principios morales.

Cuanto más trate de cambiar a su esposo con palabras, peor se torna la situación, porque está tratando de ir en contra de su "ego", y eso es algo que ningún hombre puede comprometer.

Mujer, no trate de convertirlo usted misma tratando de ser su Pastor, o poniéndole mensajes de predicadores todo el tiempo, "quítelo del camino y Dios lo va a botar del caballo". Asómbrelo con su sumisión y con su ayuda idónea, y el hombre va a decir: "¡Ah!, ¿qué pasó contigo?". Hazlo decir: "¡Wao!, algo ha cambiado en ti".

3. La mujer debe respetar a su marido.

"³³Por lo demás, cada uno de vosotros ame también a su mujer como a sí mismo; y la mujer respete a su marido".
Efesios 5.33

El respeto va juntamente con la sumisión. La mujer que no puede someterse, tampoco puede respetar a su marido. El tópico de respetar, no tiene nada que ver con el éxito del esposo, sino con su posición.

Respetar: Es darle a una persona el lugar que le pertenece. La peor manera de faltarle el respeto al esposo es con la lengua.

¿Cómo usted respeta o le da el lugar que le pertenece a su esposo?

◈ Cuando no lo manda a callar ni lo critica en público. Ganarlo sin palabras significa no estarlo sermoneando todo el tiempo porque no ha hecho algo. Al hombre no le gusta que le digan qué hacer, porque lastima su "ego"; entonces, cambie la estrategia.

◈ Cuando él corrige a sus hijos, usted debe apoyar y respaldar su autoridad y su palabra. Si usted como mujer le lleva la contraria delante de sus hijos, entonces le quita la autoridad y le está faltando al respeto.

◈ Cuando usted lo deja que él tome la última decisión en todo. Déjelo que se sienta que es el hombre de la casa y que sea el que tome la decisión final.

4. **La mujer fue hecha para reproducir la simiente.** La mujer es una incubadora, Dios le dio a la mujer una

gran responsabilidad y es la de reproducir la semilla. Su rol es reproducir todo lo que su marido le entregue.

5. **Cumplir sexualmente con su esposo.** La palabra del Señor nos enseña que la mujer no debe negarse a su esposo, porque le puede dar lugar al enemigo. Uno de los grandes problemas matrimoniales de hoy día, es que la mujer se niega sexualmente a su esposo, y como resultado, el esposo es tentado y cae en infidelidad y adulterio. Algunas veces, la mujer es la culpable. La mujer debe cumplir con su deber conyugal en todo momento. Digamos que la mujer es menos activa sexualmente que el hombre, pero eso no le da el derecho a negarse porque es pecado. ?

¿Por qué la mujer o el hombre no debe negarse sexualmente a su pareja?

→ Porque pueden ser tentados por el enemigo.

> *"⁵No os neguéis el uno al otro, a no ser por algún tiempo de mutuo consentimiento, para ocuparos sosegadamente en la oración. Luego volved a juntaros en uno, para que no os tiente Satanás a causa de vuestra incontinencia".* 1 Corintios 7.5

→ Se abre una puerta al adulterio y a la infidelidad.

→ Porque se le cuenta como pecado.

Entonces, entendamos una cosa. Cuando el hombre toma la responsabilidad como líder y sacerdote espiritual, la mujer responde con respeto y así sucesivamente. Así que, podemos concluir que el hombre es el responsable directo o indirecto del éxito o fracaso de un matrimonio. El hombre debe ser el iniciador al cumplir los roles y las funciones en un hogar, y de esta manera, la mujer hará la parte que le corresponde.

❧❧❧

CAPÍTULO CINCO

La comunicación en el hogar

❧❧❧

"19Por esto, mis amados hermanos, todo hombre sea pronto para oír, tardo para hablar, tardo para airarse...". Santiago 1.19

C uando le preguntamos a las parejas acerca de sus problemas matrimoniales, encontramos que la falta de comunicación es uno de los más grandes. Recordemos que el hombre es menos comunicativo que la mujer por naturaleza. A continuación, estudiaremos los diferentes niveles de comunicación y podremos identificar dónde estamos nosotros.

Tres niveles de la comunicación familiar:

1. **Conversacional.** Esto es un intercambio ligero de palabras, como un saludo o un adiós. Éste es el que practicamos la mayor parte de nosotros. Para este nivel de conversación, no hay que tener una relación íntima.

2. **Conversar y comunicar pequeños detalles**. En este tipo de comunicación, vamos más allá del saludo, entramos en pequeñas conversaciones de hechos, informes de cosas que nos suceden durante nuestro día. Cosas que suceden a nuestras familias, las cuales no son profundas. Aquí tampoco hay que tener una relación íntima con la persona. Por ejemplo, relatar

detalladamente cómo fue nuestro día en la iglesia, el trabajo, el deporte, el supermercado, entre otros.

3. **Comunicar cosas íntimas del corazón.** En este nivel, es donde las parejas comparten sus cosas personales, intimidades, sentimientos y heridas. Además, dejan saber cómo se sienten acerca de algo, sus visiones, sus experiencias espirituales, experiencia con Dios y más. Éste es el nivel más alto de comunicación, pero desafortunadamente, hay algunas parejas que no llegan ni al segundo nivel, porque empiezan los argumentos y peleas verbales. Siendo la frustración otro aporte para el divorcio porque ninguno de los dos pueden expresar sus sentimientos. Para que podamos llegar a este nivel, debemos tener una relación íntima con la persona.

Algunas veces, no hiere tanto lo que nos dicen sino cómo lo dicen.

"¹La respuesta suave aplaca la ira, pero la palabra áspera hace subir el furor". Proverbios 15.1

Para que haya una buena comunicación en nuestra familia, debemos reconocer el poder de las palabras. Algunas veces, las personas se hieren mucho por la manera como se dicen las cosas. La palabra de Dios le ordena a la mujer a edificar su casa con su boca. La mujer con su boca edifica. Porque la mujer habla más que el hombre y por lo tanto, tiene que tener más cuidado.

"¹La mujer sabia edifica su casa, pero la necia con sus manos la derriba". Proverbios 14.1

La razón por la cual se ha perdido la comunicación en la familia, es por la falta de respeto.

¿Cómo tener una comunicación efectiva en el hogar con el cónyuge e hijos?

1. Aprender a escuchar.

"19Por esto, mis amados hermanos, todo hombre sea pronto para oír, tardo para hablar, tardo para airarse...".
Santiago 1.19

Escuchar es un arte que se aprende. La mayoría de las personas sufren de un estado de "sordera", y por eso, es que hay tan pocos oidores en el mundo hoy día. Debemos oír antes de hablar.

"13Al que responde sin haber escuchado, la palabra le es fatuidad y vergüenza". Proverbios 18.13

La persona promedio solamente logra escuchar unos pocos segundos.

El aprender a escuchar nos ayuda a:

• **Comprender a la persona.** El Señor, habló que de la abundancia del corazón, habla la boca. Cuando somos buenos oidores, podemos entender qué es lo que hay en el corazón de las personas. La obediencia consiste en encontrar la verdadera naturaleza de las cosas. Cuando se escucha a una persona se puede identificar la raíz del su problema.

- **Ministrar y ayudar a la persona.** Cuando somos buenos oidores, podemos discernir cuál es el problema de la persona, y de esta manera, logramos ministrarla y consolarla efectivamente. Dios nos dará la palabra correcta para su necesidad.

- **Desahogo de los problemas.** Muchas veces, con el simple hecho de escuchar, la persona se siente aliviada porque ha podido soltar una carga, una culpa, una herida, una presión interna o externa, entre otras situaciones.

Cuando una persona tiene a alguien que la escucha, significa que tiene uno de los regalos más grandes en la vida.

Debemos obligarnos a aprender a escuchar. Recuerde que cuando estemos escuchando, es importante que veamos y oigamos las cosas desde la perspectiva de la otra persona. Cuando una persona le está hablando, no interrumpa porque esto bloquea la comunicación. Tenga en cuenta que en ese momento, le está haciendo un favor a su cónyuge, a sus hijos o a cualquier persona que le hable. Algunos de nuestros hijos lo único que desea es que papi y mami los escuchen. Aproveche el momento que su hijo o su cónyuge desea comunicarse con usted, porque si espera a sentir el deseo de hablar con ellos, lo más probable ellos no quieran hacerlo.

2. **Hablar con la verdad y con transparencia.**

   El Señor dijo: "que sea nuestro sí, sí y nuestro no, no. Todo lo demás proviene del pecado". La transparencia lo libra de heridas futuras y de resentimientos. Recuerde que la verdad siempre prevalece, y cuando la verdad es dicha en amor, en el momento duele, pero después trae sanidad al corazón.

3. **Aprendiendo a conocer el lenguaje de amor de su cónyuge y de sus hijos.**

   Una de las virtudes del amor ágape es que no busca lo suyo. Aprender el lenguaje de amor de nuestra familia, es una señal del verdadero amor. ¿Qué quiero decir con lenguaje de amor? Lenguaje de amor no es otra cosa que saber y aprender qué es lo que le gusta a nuestro cónyuge, a nuestros hijos y qué los hace felices para nosotros hacerles aquello que les gusta.

   Hay cinco lenguajes de amor que son los más comunes, tanto para el hombre como para la mujer y los hijos.

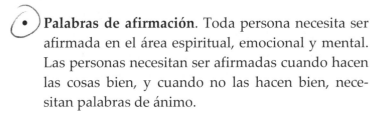 **Palabras de afirmación**. Toda persona necesita ser afirmada en el área espiritual, emocional y mental. Las personas necesitan ser afirmadas cuando hacen las cosas bien, y cuando no las hacen bien, necesitan palabras de ánimo.

   Un líder, continuamente, está afirmando a su gente en su trabajo, en su llamado y en su identidad; no los critique.

- **Toque físico.** El contacto físico es una manera de comunicar amor a nuestra familia. Los niños que son tenidos en los brazos son más estables emocionalmente que aquellos niños que son dejados por mucho tiempo sin contacto físico. Jugar con ellos un deporte, o sea, ese contacto físico, no puede faltar en casa.

- **Actos de servicio.** Es hacer cosas que usted sabe que a su familia le gusta que usted haga. Por ejemplo: cocinar, servir la mesa, lavar platos, sacar la basura, entre otras ayudas. Cuando usted hace un acto de servicio, su familia se sentirá apreciada y amada.

- **Tiempo de calidad.** Uno de los lenguajes de amor de la familia, por el cual claman todo el tiempo, especialmente la esposa y los hijos, es el tiempo de calidad.

- **Regalos.** Los regalos hacen parte de las demostraciones de afecto hacia una persona. Éstos se deben clasificar según los gustos y las necesidades de la persona a la cual queremos demostrar nuestro amor. Sin embargo, lo más importante es, que en el momento en que conozcamos cuál es el lenguaje de amor de la persona, estemos en la disposición de suplir esta necesidad.

En el tiempo de calidad, es donde se logra la comunicación íntima.

Ejemplo de tiempo de calidad:

❖ Tomar vacaciones una vez al año solos.
❖ Destinar tiempo para jugar con los hijos.
❖ Destinar tiempo para conversar de cosas del matrimonio, hijos e iglesia (apagar el televisor).
❖ Tomar un fin de semana para estar juntos, usted y su familia. (Dedíquese a ellos).

¿Cuál es el lenguaje de amor de su cónyuge? Cuando sepa cuál es, entonces habrá una mejor comunicación con su pareja.

Recuerde que el fundamento de un gran ministerio es la familia y si no tiene una familia fuerte, no tendrá un ministerio fuerte. Creo que una de las maneras para restaurar la comunicación de nuestro hogar es cuando pedimos perdón al cónyuge por haberle faltado el respeto. Así que, empecemos una relación íntima, dándole tiempo de calidad.

ক্ষেক্ষ

Sexo en el matrimonio

ক্ষেক্ষ

CAPÍTULO SEIS

Sexo en el
matrimonio

Sexo en el matrimonio

H oy día, es un tabú hablar de sexo en la iglesia, en la familia, en el hogar, etcétera. Hay un sinnúmero de matrimonios que se han divorciado por causa del sexo. "El pueblo perece por falta de conocimiento".

"6Mi pueblo fue destruido porque le faltó conocimiento. Por cuanto desechaste el conocimiento, yo te echaré del sacerdocio; puesto que olvidaste la ley de tu Dios, también yo me olvidaré de tus hijos". Oseas 4.6

Como lo mencionamos anteriormente, la unión de un matrimonio debe ser en tres aspectos: En espíritu, alma (voluntad, emociones, intelecto) y cuerpo siendo el sexo parte de esta unión.

¿Cuál es el propósito del sexo en el matrimonio?

- **Para procrear.** Dios le dio órdenes al hombre de multiplicarse.

- **Por placer.** Dios dio el sexo al hombre y a la mujer para que lo disfrutaran y para tener placer dentro del matrimonio. Desafortunadamente, el enemigo se ha encargado de tergiversar todo lo referente al sexo para dañar el plan de Dios.

"18¡Sea bendito tu manantial y alégrate con la mujer de tu juventud...". Proverbios 5.18

¿Por qué muchos cónyuges no han podido llegar a disfrutar el sexo en la intimidad?

→ **Abusos sexuales del pasado.** Muchas personas fueron heridas sexualmente y, como resultado, no pueden disfrutar el sexo. Estas personas que han sido abusadas y han tenido traumas, ven el sexo como algo malo y horrible.

→ **Complejos y tabúes acerca del sexo.** Ésta es una mentira del diablo. Porque la verdad es, que el sexo dentro del matrimonio es hermoso y puro, tal como Dios lo creó.

→ **Egoísmo del cónyuge.** Este problema es muy común en las parejas, especialmente, en el hombre. En el acto sexual, solamente él se satisface y no busca la satisfacción de la mujer.

→ **La mujer requiere más tiempo para llegar al orgasmo.** Todo hombre debe comprender esto: que la mujer llega al orgasmo con amor, ternura y caricias, y para eso, se necesita tiempo.

→ **El hombre es más rápido para llegar a la eyaculación.** Es su naturaleza. Sin embargo, a la mujer le toma más tiempo, pues así fue creado su cuerpo por Dios.

La mujer necesita los siguientes ingredientes para estar sexualmente completa.

❖ **Seguridad.** Esto lo imparte el esposo cuando es cabeza y líder del hogar. De otro modo, se va a reflejar en el acto conyugal.

❖ **Amor (sentirse amada).** Esto lo imparte el marido cuando lleva a cabo su función de nutridor emocional. Si el marido no le expresa su amor de forma verbal, emocional o física, la mujer no va a responder positivamente.

❖ **Habilidad de expresar sus emociones.** Esto lo trae la comunicación en el hogar. Cuando la mujer va a la cama agobiada, con muchos problemas en su mente y en su corazón, no podrá disfrutar del acto sexual. Por eso, ella necesita desahogarse hablando.

❖ **Habilidad de expresarse ella misma.** Esto lo tiene por naturaleza. Cuando su marido la oye pacientemente, ella estará dispuesta en el momento de la intimidad.

❖ **Palabras de afirmación.** Éstas deben ser parte del diario vivir.

❖ **Romance.** Para crear un ambiente romántico, los detalles como las flores, la música romántica, las velas encendidas, entre otros, no se deben pasar por alto en una relación.

❖ **Comunicación.** Cuando es oída y entendida por el esposo.

❖ **El sentimiento de que ella es atractiva.** Cuando le hable bien de su belleza. La mujer necesita escuchar todo el tiempo de su marido, que ella es bonita, que es especial, entre otras.

❖ **El sentimiento de que ella es apreciada** con palabras de afirmación física de parte del marido.

❖ **El sentimiento de que ella es necesitada** con palabras de afirmación del marido.

Todos los aspectos anteriores dependen del hombre para poder satisfacer a su esposa.

¿Cuáles son las aberraciones sexuales que la Biblia prohíbe y que van en contra del matrimonio?

Dios dio leyes sanitarias, sexuales, dietéticas a Israel para cumplir, y de la misma manera, Dios nos ha dado parámetros fuera y dentro del matrimonio.

¿Qué es una aberración? Todo aquello que es contrario a la naturaleza establecida por Dios. Todo aquello que es antinatural.

"21No darás un hijo tuyo para ofrecerlo por fuego a Moloc; no profanarás así el nombre de tu Dios. Yo, Jehová. 22No te acostarás con varón como con mujer; es abominación. 23Con ningún animal tendrás ayuntamiento, haciéndote impuro con él, ni mujer alguna se pondrá delante de animal para ayuntarse con él; es perversión. 24En ninguna de estas cosas os haréis impuros, pues en todas estas cosas se han corrompido las naciones que yo expulso de delante de vosotros...". *Levítico 18.21-24*

Algunas de las aberraciones más comunes son:

- El incesto
- El adulterio
- La masturbación
- El homosexualismo
- El bestialismo
- El fetichismo
- La pornografía
- El sadismo
- El masoquismo
- El exhibicionismo
- El voyeurismo
- El travestismo
- El transexualismo
- La necrofilia
- La prostitución
- La violación

Todas éstas y otras aberraciones más, están en contra de la naturaleza de Dios; y si se practican, traerán maldición al hogar y a la pareja.

 formidable

El divorcio y la separación

formidable

Hay personas, que en este momento, están sufriendo las consecuencias catastróficas del divorcio, y otras que todavía están sintiendo dolor emocional por el divorcio que atravesaron.

¿Qué es el divorcio?

Literalmente, la palabra **divorcio** en el griego es _desertar,_ que significa abandonar su cuerpo o su puesto sin autorización. Esto es básicamente lo que sucede en un divorcio, porque cuando alguien se casa, se hace una sola carne con su cónyuge, y si se divorcia, lo hace sin autorización, ya que para Dios, el matrimonio es un pacto indivisible.

El divorcio es como un soldado que dice: "no me gusta ser soldado, quiero ser un civil".

El tópico del divorcio es el asunto que más condenación y culpabilidad ha traído a muchos en el pueblo cristiano. Para poder entender correctamente lo que dice la palabra de Dios acerca del divorcio, debemos tener en cuenta los siguientes principios de interpretación:

Principios de interpretación:

- Mantener en mente algo literal acerca de lo que usted está leyendo.

- Encuentre el trasfondo histórico del verso.
- Mire el verso que se encuentra antes y después del verso que está leyendo.

¿Dónde comenzó el divorcio?

El divorcio comenzó con la ley, en el tiempo de Moisés.

"7Le dijeron: —¿Por qué, pues, mandó Moisés darle carta de divorcio y repudiarla?8Él les dijo:—Por la dureza de vuestro corazón, Moisés os permitió repudiar a vuestras mujeres; pero al principio no fue así. 9Y yo os digo que cualquiera que repudia a su mujer, salvo por causa de fornicación, y se casa con otra, adultera; y el que se casa con la repudiada, adultera".
Mateo 19.7, 8

¿Qué significa dureza de corazón? Significa que, por la dureza de sus corazones, ellos están cometiendo adulterio ¿De qué manera Moisés dejaba que las personas se divorciaran? Moisés, no menciona el adulterio como una condición para divorciarse, porque solamente había una consecuencia del adulterio y era la muerte a través de apedrear a la persona. En el tiempo de Moisés, no había bases para divorciarse, sin embargo, los hombres estaban dejando sus esposas por cualquier razón. Por eso, los fariseos le preguntaron a Jesús si era lícito repudiar y divorciarse de su mujer por cualquier causa. Para responder la pregunta anterior, hay que tener en cuenta que Moisés estaba protegiendo a las mujeres, porque de esta manera, lograba que los hombres hicieran lo siguiente:

❖ Escribir un papel de divorcio.

❖ Darle el divorcio.

❖ Despedirla. (despedir significa "enviar a alguien con dinero y bienes". Los fariseos estaban enviando a las mujeres con las manos vacías y además no podían casarse).

Jesús dijo, Moisés les dio a sus ancestros el mandato de dar carta de divorcio, porque sus corazones estaban tan endurecidos, que ellos dejaban a sus esposas en miseria e indigentes, y sin esperanza para rehacer otro matrimonio. Jesús dice: "Ustedes no pueden repudiar o divorciarse de su mujer por cualquier causa, además, dijo Jesús, yo he venido a traer misericordia, en vez de apedrear a la mujer y matarla por ser sorprendida en adulterio, es mejor que se divorcie de ella. Siendo éste el único caso o base para divorciarse.

Dios odia el divorcio, pero ama a los divorciados.

Algunas personas ven el divorcio como un pecado imperdonable, ven una persona divorciada como alguien que su pecado no tiene perdón, pero la sangre de Cristo es más grande que el divorcio. En el antiguo testamento, las esposas no se podían divorciar de sus esposos porque la mujer era considerada como una propiedad, como una casa, una tierra o un animal; pero Jesús dice: "ellas también tienen el mismo derecho que los hombres". Jesús vino a pagar por completo y a redimir a la mujer para que tenga los mismos derechos que los hombres.

"[2]...y si la mujer repudia a su marido y se casa con otro, comete adulterio". Marcos 10.12

Los traumas del divorcio y la separación.

Hay muchas cosas que suceden cuando una pareja se divorcia, según hablamos anteriormente. Hay grandes consecuencias cuando se rompe el pacto matrimonial. Por ejemplo:

→ Espíritu quebrantado
→ Espíritu triturado, aplastado
→ Alma dolorida

Una persona con un **espíritu quebrantado** quisiera que el mundo se detuviera y salirse de él; no siente deseos de trabajar, sus sueños se le hacen "pedazos", no tiene motivación alguna; pero Jesús fue ungido para sanar a los quebrantados de corazón.

Nunca confunda quién es usted con lo que usted ha hecho; no confunda fallar con fracasar. Puede que en esta oportunidad falle, pero eso no significa que es un fracasado. Nunca mida su valor personal por los errores o aciertos que usted cometa. Cualquiera se equivoca, cualquiera falla. Si su intención fue hacer las cosas bien, en Dios siempre hay otra oportunidad. Si usted ha sido herido, no permita que su mente se apague, tampoco, se aísle ni se tire a morir. Venga con otro plan, que Dios es su ayudador. Mida su valor personal con el hecho de que Dios le dio su valor antes que cometiera el error y antes que conociera a la persona con la que decidió compartir su vida. La sangre de Jesús tiene poder para limpiarnos de toda maldad y pecado si nos arrepentimos, y en Cristo siempre hay una segunda oportunidad.

¿Cuál es la razón bíblica para divorciarse de acuerdo a Jesús?

- **El adulterio.** Es notable que ésa es la única base bíblica. Pero, como siempre, hay ciertos casos que se deben tratar con mucho cuidado, porque pueden también tener base legal para divorciarse. Para ello, tenemos que tener guía del Espíritu Santo.

CAPÍTULO OCHO

ॐ ॐ ॐ

Soltero y satisfecho

ॐ ॐ ॐ

L a Iglesia de Jesucristo ha calificado a las personas solas o solteras como ciudadanos de segunda clase. Hay individuos, que ahora están solos y viven frustrados porque desean casarse, y hay personas casadas que desean estar solteras, permaneciendo siempre en un estado de descontento, queriendo intercambiar estados civiles.

Usted puede decir: "Pastor, usted no entiende lo que estoy pasando, no sabe lo que es estar soltero y solo". Hay dos hombres en la Biblia que nos hablan qué hacer al respecto y son: Jesucristo y Pablo.

A continuación, les presento dos principios que deben seguir los solteros:

"24Cada uno, hermanos, en el estado en que fue llamado, así permanezca para con Dios. 25En cuanto a las vírgenes no tengo mandamiento del Señor, pero doy mi parecer como quien ha alcanzado misericordia del Señor para ser digno de confianza. 26Tengo, pues, esto por bueno a causa de las dificultades del tiempo presente: que hará bien el hombre en quedarse como está. 27¿Estás ligado a mujer? No trates de soltarte. ¿Estás libre de mujer? No trates de casarte. 28Ahora bien, si te casas, no pecas; y si la doncella se casa, no peca; pero los que se casan ten

drán aflicción de la carne, y yo os la quisiera evitar".
1 Corintios 7.24-28

Analicemos estos versos cuidadosamente. Veamos ciertas palabras claves, tales como:

- **Esperar en el Señor.** A lo mejor, esto no suena muy profundo. Hay personas que están esperando, pero no están esperando en el Señor. Hay una diferencia entre marcar el tiempo y esperar en Dios a propósito. Si usted en realidad, está esperando, debe estar buscando y sirviendo a Dios.

- **"En el estado que fue llamado".** Pablo relaciona su estado, ya sea casado o soltero, con una palabra clave que es "llamado". El llamado de su vida está relacionado con el estado que usted tiene. Cuando Dios lo salvó, Él le hizo un llamado en su vida; así que, cuando usted decida casarse, tiene que estar seguro cuándo y con quién se casará, porque de otra manera, va a afectar el propósito, la voluntad y el llamado de Dios a su vida. Ahora que usted está en Cristo, su primera preocupación no debe ser cambiar su estado civil, sino encontrar su propósito y su llamado en Dios.

Por ejemplo, muchas personas están buscando un cambio en su estado civil para sentirse que valen algo o encontrarle significado a sus vidas, en vez de encontrar su llamado y el propósito del Señor, el cual les dará la verdadera razón de su existencia. ¿Por qué algunos solteros y solteras no se han casado? Porque no han estado esperando en Dios, sino a una persona. Si espera una persona a lo mejor no viene o lo decepciona cuando viene, pero si espera en Dios, Él nunca lo va a decepcionar.

¿Cómo esperar en Dios? Ocupándose de encontrar y cumplir el llamado de Dios para su vida, sirviendo a Cristo, entre otros. Si usted va a esperar en Dios, necesita de Su ayuda, pero no la va a recibir si está viviendo una vida impura e inmoral o comprometida con el mundo. Por ejemplo, Dios no lo puede ayudar ni traerle a la persona correcta cuando su vida no está bien en algún área.

Razones incorrectas por las cuales no debe buscar novio (a) o casarse

◈ **Porque se siente solo (a).** Yo conozco muchos matrimonios que se sienten solos cuando llegan a la casa (uno de ellos coge para su cuarto y el otro para otro lugar), viviendo separados. Sólo Dios puede llenar la soledad y darle compañía.

"¹⁰He visto el trabajo que Dios ha dado a los hijos de los hombres para que se ocupen en él". Eclesiastés 3.10

◈ **Porque desea mejorar su situación financiera.** Cuando uno se casa, los gastos aumentan porque ya son dos personas. No procure casarse por esta razón, porque estará cometiendo un grave error.

◈ **Falta de dominio propio en el área sexual.** Si usted se ocupa en su llamado y en servir a Dios, Él le dará dominio propio. Creo que, una de las mayores razones por las cuales muchas personas se casan, es debido a que no tienen control de sus hormonas.

◈ **Por salir de la casa y de los padres.**

En 1 Corintios 7.27, dice: "No procures casarte". Si usted es soltero no vaya a buscar esposa o esposo: ¿cómo va a encontrar usted cónyuge? Como Dios lo hizo. Tomó a Adán, lo puso a dormir, lo abrió, le sacó una costilla, lo cerró, y de esa costilla creo a Eva.

Adán no dijo: "tengo 25 años y necesito una esposa", sino que Dios se la trajo. Dios es el "matchmaker", especialista en unir parejas "el casamentero", el que sabe dónde está su Adán y dónde está su Eva. Si usted quiere encontrar un compañero (a) debe dejar que Dios lo traiga, pues Él sabe dónde está su ayuda idónea. Obviamente, usted no sabe dónde está su futuro esposo (a), sino ya se hubiera casado.

Muchos jóvenes y adultos están frustrados porque no encuentran al hombre perfecto ("Mr. Right") ni a la mujer perfecta ("Ms. Right"). Usted encuentra a alguien y dice: "sí, esa es la correcta" o dice: "sí, ese es el correcto", pero se equivoca. Por eso, es mejor ocuparse de su llamado y de servir a Dios, y Él le traerá la persona correcta. Usted no tiene que ir a la discoteca, al club de solteros, a las fiestas mundanas o a los bares para encontrar su compañero (a).

¿Qué hago, pastor, para encontrar a alguien?

• **"Mantenga sus antenas en comunión con Dios";** porque, cuando esto ocurre, usted no tiene que salir con

20 personas para encontrar la correcta. Espere a que el Espíritu Santo le diga a su antena: "ésa es la correcta", y cuando el Espíritu Santo hace esto, usted sale con la persona correcta. Isaac encontró a Rebeca en un día y se casó con ella el próximo día, porque su antena estaba conectada a Dios. Cuando Dios le trae la correcta, le va a llegar la señal a su antena proveniente de su "casamentero", el Espíritu Santo.

Por ejemplo, en el caso de Ruth y Booz, Ruth "descubrió los pies de Booz". Era una forma de decir: "me gustas".

*"28Mas también si te casas, no pecas; y si la doncella se casa, no peca; pero los tales **tendrán aflicción** de la carne, y yo os la quisiera evitar". 1 Corintios 7.28*

Estar casado implica tener más aflicciones, según lo que leímos en el versículo anterior. Básicamente, hay que tener en cuenta que el matrimonio no es para darle solución a algún problema, sino para compartir lo mejor que cada persona tiene. Por ejemplo: Si se siente miserable cuando está soltero (a), déjeme decirle que cuando se case, lo será aún más porque se casó con la intención incorrecta. La persona que se siente miserable, con el sólo hecho de casarse, no va a resolver su situación sino que la va a empeorar. El matrimonio no es para escapar de los problemas, sino un compromiso que se adquiere con una persona y con Dios. Pregúntele a las parejas casadas que si se volvería a casar, seguramente ellos le contestarían que no, por los conflictos de personalidad y las peleas que existen.

Dos preguntas interesantes para usted serían: ¿Está dispuesto (a) a pasar por los conflictos y problemas que se presentan en un matrimonio sin desmayar? ¿Por qué quiere casarse?

Ilustración: Una pareja está conversando, y al ver a otra pareja, dicen: "que pareja tan feliz"; sin embargo, esa otra pareja está diciendo lo mismo de otros, y esto sucede porque solamente podemos ver desde afuera.

En otras palabras, vale la pena esperar por la persona correcta, que estar atado por el resto de la vida a la persona incorrecta.

- **"Vele en el Señor"**

"29Pero esto digo, hermanos: que el tiempo es corto. Resta, pues, que los que tienen esposa sean como si no la tuvieran...". 1 Corintios 7.29

Él levanta la perspectiva, compara y dice: "los que tienen esposa sean como si no la tuvieran". El matrimonio no tiene lugar en la eternidad y éste va a morir cuando usted muera. En el cielo, no habrá matrimonio; tengamos los ojos en la eternidad y no en lo natural. Dios tiene un propósito para usted mientras esté soltero (a). Si usted es un soltero (a) y pasa todo el tiempo esperando casarse y buscando la persona correcta, está dejando de cumplir el llamado y el propósito de Dios en su vida.

Por ejemplo, Dios dice: "después que María haga cierto trabajo para mi reino, yo le daré un esposo". Pero

María está muy ocupada en otras cosas, dentro de las cuales está la de encontrar una persona para casarse. Se la pasa pensando cuándo y cómo se va a casar, entre otros pensamientos. Ella nunca ha terminado lo que Dios le ha dado para hacer, pero Dios no le va a dar un compañero hasta que ella no termine lo que Él le ha encomendado; y en la actualidad, ella no ha podido conseguir una persona, porque no se ha ocupado de las cosas de Dios. El tiempo es muy corto para estar pensando en matrimonio, dinero, placer, entre otros.

- **"El soltero tiene cuidado de las cosas del Señor".**

"32Quisiera, pues, que estuvierais sin congoja. El soltero se preocupa por las cosas del Señor, de cómo agradar al Señor...". 1 Corintios 7.32

Hoy día, tenemos a muchas personas miserables y frustradas porque no han entendido por qué Dios los quiere solos y solteros. En el único momento que usted debe preocuparse por casarse, es durante su tiempo de oración; en cualquier otro momento, Dios lo toma como pecado.

"6Por nada estéis angustiados, sino sean conocidas vuestras peticiones delante de Dios en toda oración y ruego, con acción de gracias" (Filipenses 4.6).

Por ejemplo, usted dice: "Señor, te entrego mi preocupación; yo creo y confío en ti, yo creo que tú tienes la persona correcta para mí, y que tú la traerás a mi vida, pero mientras tanto yo me ocuparé de buscarte y servirte". ¿Por qué Dios lo tiene soltero (a) ahora? ¿Qué es lo que Él está haciendo en usted, por usted y sobre usted, que solamente puede ser hecho ahora que está soltero (a)? Porque cuando se case, no va a poder hacerlo. Si usted no me puede contestar esta pregunta, no está listo para que Dios le envíe su compañero.

Por ejemplo, si Dios le dice que tiene que esperar 10 años por su pareja, Él no la va a traer hasta que se cumplan los diez años. No hay nada que usted pueda hacer para traerlo antes.

Ilustración: Hay personas que dicen: "He estado orando y esperando, pero el tiempo pasa y me siento frustrado". Tome en cuenta que si usted va a trabajar a las nueve de la mañana y ya está pensando en salir, el día se le va a hacer muy largo; en cambio, si se concentra en las tareas de su trabajo, será mejor, porque van a dar las cinco de la tarde sin que se dé cuenta. Si por el contrario, se pasa el día mirando el reloj, le parecerá que la jornada nunca terminará. ¿Se habrá tomado el reloj un descanso o un recreo? No, lo que hace que la velocidad del reloj vaya rápido o despacio es que usted se ocupe en trabajar para el Reino o no. Si usted quiere que esos diez años pasen rápido, ocúpese de trabajar para el Señor y no lo va a sentir.

La felicidad en un matrimonio no depende de la edad temprana o tardía a la que una persona decida casarse, sino del tiempo que Dios le permita vivir para disfrutarlo. Y esa bendición de disfrutar junto a la ayuda idónea que Dios tiene para cada persona, se obtiene cuando esperamos en el tiempo del Señor para casarnos. Por ejemplo, una persona que se casa a los 50 años, pero vive hasta los 90, va a haber tenido un matrimonio de 40 años; mas si se casa a los 25 años, y muere a los 40, apenas habrán sido 15 años. Y yo le pregunto: ¿quién vivió más para disfrutar de su matrimonio?

- **"El matrimonio en el Señor es para siempre".**

Una vez que usted se compromete, no hay salida. "Pero yo no pensaba que fuera así", pero ya se metió. "Pero ronca"; ya está metido no hay salida. "Pero no es cariñoso"; no hay salida. Las personas deben disfrutar su soltería, porque una vez que se casan, no hay salida. Ahora pueden ir a donde quieran, pueden llegar a la hora que quieran, comer lo que quieran, vestirse como quieran, pero en el matrimonio es diferente. Mientras usted espera en el Señor, logre ser un hombre y una mujer de éxito.

Solamente porque usted es cristiano, no tiene que ser feo, o verse mal o decir: ¡Si yo estuviera casado perdería de peso! Es mejor que pierda peso ahora para que alguien lo mire. También, se da el caso de hombres que creen que porque son bien parecidos y espirituales, tienen el derecho de salir con todas las mujeres que conocen. "¡Usted no es un regalo de Dios para todas las mujeres!". Usted tiene que salir con el hombre o la mujer que será su esposa.

"José no comprometió sus principios". El piloto no aterriza hasta que se va el peligro. Dios lo tiene como soltero y como piloto. Dios tiene un propósito divino al tenerlo soltero.

"⁴⁶Era José de edad de treinta años cuando fue presentado delante del Faraón, el rey de Egipto; y salió José de delante del Faraón y recorrió toda la tierra de Egipto". Génesis 41.46

Recuerde, ocúpese de vivir para Dios y de conocer su llamado; mientras tanto, Dios estará trabajando en su carácter y en su vida. Él mismo se va a encargar de traerle su cónyuge. No se case por la razón incorrecta, tiene que pedir la dirección del Señor. ¡Dios lo tiene soltero por un propósito en su vida!

CAPÍTULO NUEVE

ৡৡৡ

Los hijos

ৡৡৡ

Así como las maldiciones son transmitidas a través de nuestros padres, las bendiciones también lo son. Como padres, nuestra meta es dejar una generación más fuerte en todos los aspectos.

"¹Bienaventurado el hombre que teme a Jehová y en sus mandamientos se deleita en gran manera. ²Su descendencia será poderosa en la tierra; la generación de los rectos será bendita. ³Bienes y riquezas hay en su casa, y su justicia permanece para siempre. ⁴Resplandeció en las tinieblas luz a los rectos; es clemente, misericordioso y justo. ⁵El hombre de bien tiene misericordia y presta; gobierna sus asuntos con justicia. ⁶Por lo cual no resbalará jamás en memoria eterna será el justo". Salmo 112.1-6

"⁷...que guarda misericordia a millares, que perdona la iniquidad, la rebelión y el pecado, pero que de ningún modo tendrá por inocente al malvado; que castiga la maldad de los padres en los hijos y en los hijos de los hijos, hasta la tercera y cuarta generación". Éxodo 34.7

¿Cuál es el principio mayor que la Biblia nos enseña para criar a nuestros hijos?

"⁶Instruye al niño en su camino, y ni aun de viejo se apartará de él". Proverbios 22.6

La instrucción. La palabra instruye en el hebreo es la palabra "*chanar*", que significa: imitar, enseñar, dedicar, consagrar, instruir y disciplinar. Nosotros como padres, estamos llamados a instruir, a guiar y a disciplinar a nuestros hijos.

¿Cuáles son los errores que los padres cometen en la instrucción o disciplina de los hijos?

"*⁴Y vosotros, padres, no provoquéis a ira a vuestros hijos, sino criadlos en disciplina y amonestación del Señor". Efesios 6.4*

"*²¹Padres, no exasperéis a vuestros hijos, para que no se desalienten". Colosenses 3.21*

Algunas veces, los padres provocan a ira a sus hijos, les hacen cosas que no les gustan, los exasperan acosándolos y tratándolos mal; y esta actitud negativa hacia los hijos, durante el período de la pubertad y de la adolescencia, hiere su espíritu.

A continuación, vamos a estudiar algunas actitudes de los padres hacia los hijos, y la respuesta del niño como resultado de la actitud. Nosotros los padres, en la mayoría de las veces, somos los culpables por las actitudes negativas de nuestros hijos; veamos un ejemplo:

Actitudes de los padres	Respuesta del niño	Resultado
Hablarles fuerte	"Ira"	Espíritu herido
Disciplina equivocada	Baja autoestima	Sentimientos de minusvalía
Promesas rotas	Decepción	Tristeza
Falta de afirma-ción verbal	Rechazo	Inseguridad, Temor
Favoritismo con sus hermanos	Auto-Rechazo	Celos entre hermanos

¿Cuáles son las evidencias que presenta un niño con el espíritu herido?

- Falta de comunicación
- Es mal agradecido
- Torpeza (cerrado en sus ideas)
- Rebelión pasiva
- Rebelión activa
- Justificación de su conducta
- Depresión
- Busca llamar la atención

La causa principal de la rebelión en los hijos a la edad de la adolescencia es porque tienen un espíritu herido.

¿Cuál es la solución para un niño que tiene el espíritu herido? Ministrarle sanidad interior y liberación.

Las actitudes erróneas de los padres que dañan al niño emocionalmente son:

Perfeccionismo - Cuando se les exige demasiado, más allá de lo normal. El padre perfeccionista tiene obsesión de que todas las cosas deben ser perfectas, y con esta actitud dañan a sus hijos.

Sobre protección - Cuando los padres son posesivos y controlan a sus hijos siempre; no los dejan pensar ni tomar decisiones por sí mismos. Estos niños crecen con sentimientos de rechazo y rebeldía.

Sobre indulgencia - Los premios y los regalos continuos. Hay muchos hijos que reciben cosas materiales, pero no reciben amor, y como resultado, se sienten heridos.

Hipocondría - Padres que no le dan suficiente atención ni tiempo al niño, hacen que el niño busque llamar su atención quejándose de dolores todo el tiempo, dándole una valoración exagerada a los signos de cualquier enfermedad o malestar.

Rechazo - Algunos niños fueron rechazados desde el vientre y luego en su niñez; por consiguiente, cuando crecen, arrastran problemas emocionales de rechazo. Todo lo que el niño hace causa rechazo.

Diferentes formas de disciplina:

❖ **Falta de disciplina:** Ésta es la forma más cruel; el niño aprende por golpes en la vida, porque en la casa nunca lo disciplinaron. El niño sin disciplina desarrolla un sentimiento de no ser parte de la familia. La Biblia dice que el hijo que no es disciplinado, es un bastardo.

"⁸Pero si se os deja sin disciplina, de la cual todos han sido participantes, entonces sois bastardos, no hijos".
Hebreos 12.8

❖ **Exceso de disciplina:** El abuso físico causa que el niño se sienta rechazado y que le tenga temor a la autoridad. Algunos padres les dan golpes físicos con brutalidad.

"¹⁸Castiga a tu hijo mientras haya esperanza, pero no se excite tu ánimo hasta destruirlo". Proverbios 19.18

❖ **Falta de reforzar la autoridad:** Cuando los padres amenazan con la disciplina a los hijos y nunca lo hacen, esto causa que ellos les falten al respeto. Un consejo muy importante para los padres es que nunca le quiten la autoridad al cónyuge cuando ha dado una orden para sus hijos, porque si no lo hace, esto traerá grandes conflictos en el hogar y en sus propios hijos.

¿Cómo disciplinar a nuestros hijos?

Hay tres niveles de disciplina, los cuales son:

1. **La instrucción.** Para corregir a sus hijos, debe instruirlos primero. Usted no puede castigar a un hijo si antes no le ha dado la instrucción y las pautas correctas a seguir.

"⁶Instruye al niño en su camino, y ni aun de viejo se apartará de él". Proverbios 22.6

Nosotros como padres, no podemos pedir algo a nuestros hijos si antes no les hemos enseñado qué es lo bueno y lo malo, o qué es lo correcto o lo incorrecto.

Hay dos tipos de instrucción:

- Por medio del ejemplo de nuestra propia vida, siendo un modelo digno de imitar.

- Por medio de la enseñanza (qué hacer y cómo comportarse).

Los siguientes son los principios básicos de la instrucción:

→ **Corrección:** Es la responsabilidad de los padres, pero Dios tiene la última palabra en autoridad.

→ **Enseñar al niño** qué es lo correcto y qué es lo incorrecto antes de corregirlo. Pregúntese usted: "¿Alguna vez le he dicho que no lo haga?". Es importante que el niño sepa por qué está siendo corregido, ya que si él no entiende la corrección, se va a herir y a resentir contra sus padres.

Instruya al niño en tres áreas:

❖ **Obediencia.** Debemos enseñar a nuestros hijos a obedecer a la autoridad.

❖ **Respeto.** Cuando se comportan mal, debemos enseñarles el respeto.

❖ **Responsabilidad.** Póngalos desde temprana edad a cumplir con sus responsabilidades en casa.

La instrucción establece los patrones de conducta, los pensamientos y las actitudes, que luego van a gobernar sus actos. Es importante que cada padre y madre conozca el temperamento de sus hijos.

2. **La advertencia.** Automáticamente, cuando él desobedece, usted debe preguntarse: ¿Las instrucciones que le di fueron claras? Si no fueron claras repítale y enséñele de nuevo. ¿Se estaba rebelando o simplemente se le olvidó? ¿Me estaba respondiendo a mí personalmente? ¿Herí su espíritu, sus sentimientos, causando que él se enojara? ¿Hay algo por lo cual yo tengo que pedir perdón?

3. **La corrección.** Enséñele al niño a rendir cuentas por lo que hace. Pregúntele: "¿Tú hiciste esto?" No lo corrija en público. El padre debe aplicar la disciplina, y si no está el padre, debe hacerlo la madre.

¿Qué tipo de corrección o disciplina se debe aplicar?

◈ **Disciplina emocional.** En esta corrección, no se le hace sentir culpabilidad al niño por su falta sino que se apela a su conciencia para que Dios trate con él. Por ejemplo: "Julio, contestar mal a las personas es una falta de respeto, y al Señor no le agrada eso".

◇ **Disciplina física.** La palabra de Dios enseña que a un niño se le debe disciplinar con una vara. Nunca castigue a su hijo con rabia. El castigo que se implementa en amor, aun cuando se usa la vara, siempre tiene resultados positivos.

"¹³No rehúses corregir al muchacho, porque si lo castigas con vara, no morirá". Proverbios 23.13

"¹⁸Castiga a tu hijo mientras haya esperanza, pero no se excite tu ánimo hasta destruirlo". Proverbios 19.18

◇ **Disciplina mental.** Es cuando le quitamos aquellas actividades que al niño le gusta. Por ejemplo: el deporte, la televisión, el compartir con los amigos, entre otras.

Comencemos hoy mismo a disciplinar a nuestros hijos para que en el día de mañana, no sea una persona difícil para nosotros ni para nuestra familia. Como padres, debemos aprender a instruirlos, corregirlos y disciplinarlos, sin olvidar lo que dice la palabra de Dios:

"²⁴El que no aplica el castigo aborrece a su hijo; el que lo ama, lo corrige a tiempo". Proverbios 13.24

Oración de Arrepentimiento

Ahora mismo, donde usted está puede recibir el regalo de la vida eterna a través de Jesucristo. Por favor, acompáñeme en esta oración, y repita en voz alta.

"Señor Jesucristo: Yo reconozco que soy un pecador, y que mi pecado me separa de ti. Yo me arrepiento de todos mis pecados, y voluntariamente, confieso a Jesús como mi Señor y Salvador, y creo que Él murió por mis pecados. Yo creo, con todo mi corazón, que Dios el Padre lo resucitó de los muertos. Jesús, te pido que entres a mi corazón y cambies mi vida. Renuncio a todo pacto con el enemigo; si yo muero, al abrir mis ojos, sé que estaré en tus brazos. ¡Amén!

Si esta oración expresa el deseo sincero de su corazón, observe lo que Jesús dice acerca de la decisión que acaba de tomar:

"9Si confiesas con tu boca que Jesús es el Señor y crees en tu corazón que Dios lo levantó de entre los muertos, serás salvo, 10porque con el corazón se cree para justicia, pero con la boca se confiesa para salvación". Romanos 10.9, 10

"47De cierto, de cierto os digo: El que cree en mí tiene vida eterna". Juan 6.47

Conclusión

"³Con sabiduría se edificará la casa, y con prudencia se afirmará…". Proverbios 24.3

Es mi oración delante de mi Señor, a quien sirvo, que al leer o estudiar este libro, cada uno de ustedes sea edificado por sus enseñanzas, acerca del pacto matrimonial, la santidad en el sagrado vínculo del matrimonio, la guía y la disciplina de los hijos; y especialmente, la forma en que los padres puedan liberar a sus hijos de cadenas de esclavitud y maldiciones, que muchas veces son heredados de los antepasados... en Cristo Jesús, amén.

ෑෑෑ

Testimonios

ෑෑෑ

Raúl y Lourdes Botana:

Nos casamos en el año 1968 cuando éramos muy jóvenes. Durante nuestro matrimonio de 30 años, tuvimos muchos períodos de crisis, de exigencias y de echarnos la culpa mutuamente, de esperar que el otro llenara los vacíos que cada uno tenía en su vida. Aunque éramos una pareja cristiana activa por 10 años en una congregación como líderes, y a pesar de varias consejerías matrimoniales con diferentes profesionales, nuestros problemas no parecían tener solución. Estábamos un tiempo bien, pero oscilábamos de crisis en crisis. Poco a poco comenzamos a distanciarnos espiritual y emocionalmente el uno del otro, y creció un sentimiento de desesperanza en nuestro matrimonio, de que no podíamos entendernos. Poco a poco nos fijábamos más en los defectos que en las virtudes del otro. Nos sentíamos víctimas y no tomábamos la responsabilidad adecuada para el cambio efectivo. Poco a poco nos llenamos la mente de que lo nuestro no tenía solución, de que nos estábamos echando a perder la vida el uno al otro. Mi esposo dejó de congregarse y yo me llené de amargura hacia él por no ser el líder espiritual que yo esperaba. Me sentía que él no me entendía, me sentía controlada y abusada verbalmente. Por otro lado, él se sentía que yo no lo respetaba y que me creía superior a él. Como es lógico, venían las presiones de la vida, las luchas económicas y la crianza de los hijos, pero de mi parte, principalmente era el vacío emocional que sentía de parte de mi esposo. Al mismo tiempo, él se sentía que yo no lo apoyaba, y que sólo miraba mi punto de vista o lo que yo quería.

Pasó el tiempo y un día, por una pequeña discusión, mi esposo se fue de la casa y yo no lo llamé ni lo busqué. Después de varias semanas, él me puso él divorcio. Eso para mí fue como un "shock", pues no esperaba tal cosa a pesar de nuestras altas y bajas en nuestra relación. Los dos estábamos en una época de la vida en que los hijos habían hecho sus vidas, y que después de 30 años de matrimonio, esto nos estaba pasando; ¡era tremendo! A pesar de este "shock", poco a poco me fui llenando de rabia contra él por haberme hecho esto, y esta rabia y enojo que sentía era la emoción que me alimentaba a seguir hacia delante, me justificaba y me hacía decir que eso tal vez había sido la mejor solución. Pero a medida que pasaba el tiempo (estuvimos divorciados por tres años), cuando el enojo disminuyó, pude darme cuenta que el hogar se había roto, los sueños y todas las vivencias se habían esfumado, sufrí la pérdida de la unidad familiar, los dolores, las alegrías, los buenos momentos compartidos, el amor que nos dimos el uno al otro, la familia, nuestros hijos, todo estaba afectado en gran manera. Fue muy triste. Pero a pesar de todo, yo continué mi carrera, y Raúl seguía en su negocio. Los dos teníamos vidas separadas e independientes. Después de dos años de divorcio, yo comenzaba a vislumbrar mi vida como mujer independiente y, tal vez, totalmente separada de Raúl en el futuro; y por otro lado, él estaba viviendo como si fuera un "playboy".

Un día, una amiga me dijo que estaba asistiendo a una iglesia que le gustaba, y me preguntó si yo quería ir con ella un domingo. Yo le dije que sí, pues quería comenzar a congregarme de nuevo y a reanudar mi vida de congregación cristiana; pues sabía que ésa era mi verdadera respuesta. Cuando visité la Iglesia El Rey Jesús, para ese entonces, era un local pequeño, que las personas estaban como sardinas en latas, yo me dije: "¡oh, Señor, yo no estoy para esto!". Pero después de un rato sentí una voz en mi interior que me dijo: "Dale a esto un chance". Así que, comencé a ir los domingos y poco a poco comencé a entrar en ambiente y a saber que ése era el lugar que Dios tenía para mí. Después de varios meses, la pastora Ana Maldonado predicó una noche en la que ella retaba a la mujer para luchar por su hogar. Yo me sentí como que ella no entendía la situación que muchas mujeres están pasando, pues había situaciones en que la cosa era muy difícil, pero a pesar de eso, algo dentro de mí se revolucionó. Así que, comencé a orar por la restauración espiritual de mi esposo (mi ex en ese entonces). Yo no le pedí al Señor que volviéramos, sino que lo restaurara como su hijo que es, y que Raúl volviera con hambre a su Padre celestial. Le decía al Señor: "Padre que esto sea para tu gloria, para que toda lengua sea declarada mentirosa y tu como la única verdad. Pasaron unos meses y un día, mi esposo que no hablaba nada personal conmigo, se acercó a mí para hablarme. Yo le dije que si no había unión espiritual entre los dos, que de nada valía cualquier esfuerzo. Él comenzó a ir a la iglesia El Rey Jesús, y después de dos o tres semanas, le rindió su vida a Cristo de nuevo; caminó al frente y tuvo una restauración personal con el Señor. Comenzamos a salir, pero cada uno viviendo a parte, pues yo sabía que primero teníamos que restaurarnos espiritual y emocionalmente antes que algo sucediera entre los dos. Poco a poco, después de cuatro meses y de hablar con el Pastor, nos casamos en la iglesia. Recuerdo que nuestro hijo que estaba de vacaciones en mi casa, cuando vio que su papá y yo comenzamos a salir, me dijo: Mami, yo no puedo soportar esto, el divorcio fue terrible para mí, pero esta situación me pone peor; papi no va a cambiar, él no es hombre de ir a la iglesia"; y yo le dije: Raulito, esto va a servir como testimonio para Dios, el Señor ha abierto puertas y yo no le voy a dar la victoria a Satanás. El mundo verá que Dios es más poderoso que todo, y que cuando Él abre puertas, nadie las puede cerrar. Voy a pelear la batalla y tú verás la victoria. Así fue, llevamos más de dos años casados, y estamos sirviendo activamente en la iglesia en el servicio al Señor. ¡Nuestra familia ha sido restaurada! Pero, primeramente, Dios comenzó conmigo, y tuve que trabajar con los motivos de mi corazón, tuve que rendirme a Dios completamente y decirle: "toma mi vida y haz lo que quieras para tu gloria".

Dios es fiel, Él es sabio y es el que restaura y nos da otra oportunidad. ¡Hoy por hoy, mi esposo y yo tenemos mayor comunión espiritual, emocional y física que antes!

Testimonio de restauración matrimonial de Newton & Gretchen Solomon

Mi esposa y yo nos casamos en abril del año 1990. Dios nos bendijo con dos hermosos hijos. Tuvimos un matrimonio, que con el transcurrir de los años, fue cayendo en la monotonía y en las redes que el enemigo teje alrededor de las familias para desbaratarlas. El colapso de nuestro matrimonio fue en mayo del año 2000; ya existía una separación prácticamente total, aún viviendo juntos. La estocada final, surgió cuando me encontró con otra mujer, y eso me enloqueció al punto que terminé de romper con mi familia y me fui de mi hogar. Las cosas llegaron al punto del divorcio. Nos divorciamos en septiembre, de ese mismo año.

La familia dividida, el enemigo contento, pero DIOS tenía otros planes. JESÚS tenía otros planes con nosotros, y él haber caído tan bajo, nos llevó a verlo cara a cara. Siempre había estado ahí con nosotros, pero el golpe nos quitó el velo, lo vimos y lo conocimos íntimamente. Dios hizo el milagro, "sólo con la garantía de JESÚS". Mi esposa fue capaz de olvidar, de perdonar y de recibirme en nuestro hogar de nuevo.

DIOS ha sido tan bueno con nosotros que nos permitió conocerle a Él en la iglesia El Rey Jesús. Para mi esposa y para mí, ha sido de tremenda bendición el venir a los pies de Cristo a través del pastor y apóstol Guillermo Maldonado.

JESÚS se fundió en nuestro matrimonio y fue restaurado el día 13 de abril de 2002, utilizando a nuestro padre espiritual Guillermo Maldonado. Hoy día, somos una familia unida y fiel a nuestro Señor Jesucristo. Mi esposa y yo servimos, principalmente, en el ministerio de los matrimonios, ayudando a restaurar parejas de la misma manera que JESÚS lo hizo con nosotros.

¡Que DIOS les bendiga, y que este testimonio siga ayudando a todas aquellas parejas que han pasado o que están pasando por situaciones similares a la nuestra, y que sepan que con JESÚS todo se puede!

Armando Acosta y Yolai

En síntesis, nos casamos con dudas, pensando si este matrimonio era por amor o por conveniencia, y si ella todavía amaba a su ex esposo o no. Por otro lado, estaba la influencia externa de hermanos (con falsos testimonios y profecías de maldiciones. Por supuesto, esto no pasó en esta iglesia sino en un grupo al que mi esposa asistía en una casa antes de venir a esta iglesia). Esto provocó muchas discusiones, no sólo de pareja sino también con sus hijos, a tal punto que por poco llegamos a los golpes; fue entonces cuando decidí irme. Me fui sintiendo mucho odio hacia mi esposa y sus hijos. Ella sabía que debía hacer algo. Así que, coordinó una cita con los consejeros del ministerio de matrimonios de la Iglesia "El Rey Jesús", quienes le dieron muy buenos consejos. Uno de ellos fue: ir a buscarme.

Ya habían pasado dos semanas de nuestra separación cuando ella me fue a buscar. Me pidió perdón, no sólo por sus errores, sino también en nombre de sus hijos. Me contó que había leído el libro de Sanidad Interior y Liberación del Pastor Guillermo Maldonado, y se dio cuenta que la raíz de todos los problemas era que los dos teníamos falta de perdón. A pesar de la humillación de mi esposa, la escuché, pero no me importó su arrepentimiento. Le dije que la odiaba a ella y a sus hijos, y por tanto, no quería volverla a ver. Fue cuando ella en su dolor tomó la decisión de no perder el matrimonio, porque a pesar de todo, había en ella mucho amor hacia mí, y eso fue suficiente para doblar más sus rodillas y hacer ayunos absolutos por tres días consecutivos a la semana. Por mi parte, yo estaba cerrado, enojado y tratando de olvidar. Mi esposa empezó a guerrear reprendiendo todo espíritu de divorcio, separación, odio, falta de perdón y muchas otras ataduras que el Señor le iba mostrado. Aunque ella no sabía dónde yo estaba, oraba por mí y reprendía al hombre fuerte que se había levantado en contra de nuestro matrimonio. También, le ordenaba al enemigo que me dejara libre de toda falta de perdón y de odio que había en mí, y que todo espíritu que estuviera cegando los ojos de mi entendimiento se apartara de mí. Las oraciones y las batallas fueron fuertes, pero una vez más, mi esposa y yo comprobamos que para nuestro Dios, nada es imposible.

Fue entonces, cuando empecé a extrañarla, a preocuparme por ella y a reconocer que en verdad la seguía amando. Así que, después de dos meses y medio de estar separados, la llamé diciéndole que contara conmigo para lo que fuera. Ella me contestó de lo más natural, como si nunca nos hubiéramos separado. Me dijo que en casa todas las cosas estaban en el mismo lugar que las había dejado y que podía regresar cuando quisiera. Entonces, comenzamos a salir como novios, de paseo, de compras; hablábamos por teléfono hasta que, sin darme cuenta, ya estábamos juntos otra vez. No hubo reproches, las asperezas se habían ido. Mi esposa y sus hijos se afirmaron en el Señor y asistían más que nunca a la iglesia, y por consiguiente, cambió el trato de ellos hacia mí; ya compartíamos como verdaderos hijos de Dios, al punto que yo también decidí afirmarme más en los caminos del Señor. Entonces, fuimos a tomar las clases de matrimonios. Fue ahí, que encontramos enseñanzas las cuales impactaron nuestras vidas, al poder diferenciar nuestros roles como pareja en el hogar. Y sobretodo, nos dimos cuenta que nuestro matrimonio ante Dios es santo y que tenemos que respetar y amar el pacto que hicimos con Él al casarnos. Después que nos reconciliamos, pasamos por sanidad interior y liberación, y hoy día estamos trabajando como obreros en la iglesia.

Le damos gracias al Señor por conducirnos a esta iglesia, y también, por los pastores y los líderes que tenemos en la misma. La gloria y la honra sea toda para Dios. ¡Amén!

Gary y Mariela Benavides

A los 17 años, conocí a un joven que tenía 18 años. Nos enamoramos, y al poco tiempo, quedé embarazada. Dejé mi casa, mis padres, y me fui a vivir con él. Allí empezaron los problemas. Él era muy controlador, violento, iracundo, con un carácter muy fuerte. Yo era una jovencita inexperta, muy cariñosa, que estaba enamorada; y a pesar de su maltrato verbal, emocional y físico, seguía con él. Hubo muchos conflictos y falta de respeto. Tuvimos una niña, y al tiempo, dos hijos varones. En ese entonces, me di cuenta que me había sido infiel. Entonces me cansé, me aparté de Dios y de mi esposo. Aún no había tenido un encuentro personal con Jesús, y por tanto, Él todavía no reinaba en mi vida. Pero Dios había empezado la obra en mi esposo, aunque no veía cambios en él. Fue, entonces, cuando mi esposo empezó a orar porque él no quería que nuestro matrimonio se acabara. A pesar de su carácter, él me amaba y reconoció en qué había fallado y las heridas que me había causado. También, él había tomado la decisión de seguir a Cristo, pues él sabía que sólo Dios podía ganar esta batalla y restaurar nuestro matrimonio. Siempre le creyó a Dios aun cuando pasaron los años y las cosas se ponían peor conmigo. Pero, en medio de esta situación difícil, el Espíritu Santo tocó mi corazón, me reconcilié con Jesús, y encontré la paz y el amor sincero que nadie me había mostrado. Sentí que una nueva vida, llena de esperanza, había entrado en mi ser. No sé como explicarlo, pero fue hermoso. Escuchamos acerca de liberación y sanidad interior, y pasamos por ese proceso; pues ambos estábamos muy heridos y Dios nos hizo libres. Le dije que si su voluntad era que yo volviera con mi esposo, que hiciera un milagro y me pusiera amor en mi corazón por él, y que volviera a enamorarme... y así lo hizo.

Donde se pensaba que no había solución, que todo estaba perdido y terminado, entro Jesús para traer solución y restauración por completo a nuestras vidas y la de nuestros hijos. Si Él lo hizo por nosotros, también, querido lector, lo hará por usted. No importa cuál sea su situación, tal vez sea peor que la nuestra, pero si le da a Dios el derecho a obrar en su matrimonio, Él lo hará. ¡Estamos muy agradecidos por todo lo que ha hecho con nosotros, y a Él sea la gloria y la honra!

Henry y Catalina Patiño

Recuerdo bien aquel día, 15 de mayo de 1996, cuando el Señor Jesús finalmente tocó a la puerta después de varios intentos fallidos. Fue un día inolvidable, ya que era la única opción que tenía antes de morir.

Los últimos tres meses de mi vida mundana, sabía que mi tiempo era muy poco, ya que mi hígado estaba totalmente destruido, al igual que todo lo que estaba a mi alrededor: matrimonio, trabajo, familia y demás.

Desde los cuatro años, empecé a tomar licor. Mi esposa y yo venimos de matrimonios disfuncionales, por lo cual al no conocer del Señor, no sabíamos en qué nos íbamos a enfrentar al momento de casarnos. Por un lado, yo venía arrastrando la maldición generacional de alcoholismo, teniendo ya inconvenientes serios por la forma en que maltrataba a mi esposa. Mi esposa fue educada por su madre y, lo que más le inculcaba era que no se dejara de un hombre, pues ella misma fue igualmente maltratada y desilusionada. De mi parte, tuve un padre que nos dio cosas materiales en exceso, pero que desconocía la parte espiritual. A los 4 años de mi noviazgo, decidimos dar el paso de casarnos. Justo el día del matrimonio hice la promesa que dejaría de tomar licor, un vicio que día a día estaba acabando con mi vida. Irónicamente ese día tomé más licor de lo normal, ya que supuestamente era la ultima vez que lo hacia. El día de la boda, cuando llegué ante el juez, estaba totalmente borracho, por lo que para mi esposa fue un momento muy desagradable.

Lamentablemente, todo empeoró, para evitar que mi esposa se enterara que estaba tomando licor, buscaba la excusa de llevar al perro a hacer sus necesidades. El portero del edificio donde vivíamos me guardaba el licor, y la empleada doméstica de igual forma lo hacía. Cuando mi esposa llegaba a la casa después de la universidad, lo único que recibía eran malos ratos y palabras desagradables de mi parte al verme totalmente ebrio; porque, aunque yo comía dulces y masticaba clavos de olor para que no se diera cuenta, siempre lo notaba. Poco a poco, ella fue alimentando un gran sentimiento de tristeza. El respeto mutuo ya se había perdido. Pasó el tiempo, y terminé en un hospital lleno de sondas, desintoxicándome por el exceso de alcohol en mi cuerpo. Después de ese día, dejé de tomar por una semana, pero era tanto el deseo de tomar, que volví a caer en el vicio. Mi esposa estaba tan desilusionada de mí, que decidió buscar en la universidad un amigo para desahogarse de todo lo que estaba sucediendo, y al mismo tiempo, se decía: "si mi esposo toma, yo voy a empezar a tomar también". Tres meses antes de conocer al Señor, mi cuerpo empezó a sentir los embates de la bebida, por lo cual el hígado, al ser infuncional y cirrótico, sangraba de manera exagerada.

Un día, cuando mi esposa llegó de la universidad, recuerdo que era un lunes, me encontró totalmente borracho. Ese día había tomado ocho botellas de vino en no menos de cinco horas. Me daba golpes para despertarme, pero ni con eso lograba hacerlo. Decidió empacar sus cosas e irse a vivir con su mamá, y lo único que le dije ese día fue: "te vas, pero me dejas la perra y el carro".

Al día siguiente, el 15 de mayo, el Señor tocó a la puerta por medio de una actriz cristiana en Colombia, que tenía un programa en las noches. Llegaron a la oficina a proponerme un negocio de intercambio comercial. Ese día fue él más importante de mi vida, ya que desde allí, comenzaron los cambios radicales. A los 15 días, mi esposa regresó conmigo, entendiendo ya que había un plan y un propósito de Dios para nosotros. Lo que sí desconocíamos por completo era cómo manejar nuestro matrimonio y demás. Por un lapso de cinco meses, estuvimos asistiendo a una iglesia en Colombia, donde fuimos enviados a Miami con el fin de ser discipulados. Estuvimos dos años y medio en una iglesia, donde aparentemente estábamos ya listos para ser enviados al ministerio. Cuando terminamos de tomar todos los cursos del instituto bíblico, el pastor que nos estaba discipulando, nos informa que tenía planes de enviarnos a Guatemala a la obra misionera que estaban levantando en el Lago Atitlan, lo cual lo aceptamos por sumisión, pero había un sentimiento en nuestros corazones de movernos de lugar. Aparentemente, creíamos estar listos para la obra, pero como los planes de Dios son perfectos y Él sabía que aún no estábamos preparados, ya que la intención que había en nuestros corazones era de servirle, nos movió de ministerio. De una manera repentina, mi esposa y yo tomamos la decisión de apartarnos a buscar de Dios, con el fin de conocer el propósito de Dios para nosotros. En todo lugar y de cualquier forma nos hablaban de la Iglesia el Rey Jesús. Desde el primer día que llegamos, nos dimos cuenta que aún estábamos empezando a prepararnos, ya que la relación como matrimonio había mejorado, pero no teníamos las bases fundamentales de la familia.

Desconocíamos las necesidades y/o requerimientos de un hombre o de una mujer, no tuvimos que pasar por una consejería para conocer cuales eran las áreas de nuestra vida que estaban fallando tanto en lo personal como de pareja. Un mes después de haber llegado al Rey Jesús, el pastor Maldonado predicó la serie de la familia, y desde aquel día cada enseñanza que se nos impartía, se hacía rema en nuestras vidas. Experimentamos momentos duros en la iglesia, los cuales Dios permitió para que pudiéramos madurar algunas áreas que necesitaban ser tratadas en nosotros. Me atrevo a decir que, desde que se nos enseñó la serie de la familia, conocí realmente la mujer que Dios tenía separada para mí, y a la vez, es muy importante entender que no sólo con llegar a los caminos del Señor todo será diferente, es sólo el primer paso, luego viene el proceso de preparación en el matrimonio que incluye todo aquello que venimos arrastrando de nuestros padres y que debemos cambiar por completo. Por tal razón, debemos ser ministrados en la sanidad interior y en la liberación, además de eso conocer lo que Dios tiene diseñado para la familia. Recuerdo un matrimonio al cual estábamos ministrando mayores que nosotros, y me dice: *"mira tu no me vas a enseñar sobre lo que es un matrimonio, yo si te puedo enseñar ya que me he casado cinco veces"*.

Lo más importante es tener el profundo deseo de cambiar, bien recuerdo un día que le pedí a Dios sin conocerlo, que sabía que Él no estaba en una cruz, que por favor me diera un matrimonio ejemplar.

El matrimonio es algo muy especial, pero lo más especial es conocer el cómo del matrimonio, poder entender que somos dos personas totalmente diferentes con necesidades y sentimientos diferentes que al unirse nos complementamos el uno al otro. Hoy día, el respeto y la admiración existen, y ante todo, la confianza que depositamos en el Señor, quien es la parte vital de nuestra existencia. Estamos seguros que edificamos ahora nuestro matrimonio a la medida de Dios. Quiero decirle a usted, amigo lector, que todavía es tiempo de cambiar. ¡Tome la decisión de cambiar! El matrimonio es una institución establecida por Dios y el divorcio es el plan que Satanás usa para desintegrar lo que Dios ha instituido. Por eso, es que en este tiempo, nuestro Señor Jesús se está glorificando aún más..."*de lo vil y menospreciado escogió Dios para avergonzar a los sabios*".

Al mismo tiempo, estamos convencidos de que este libro cambiará la vida de muchas personas que creen o están seguras de sí mismas en cuanto al matrimonio, pero la revelación impartida por el Espíritu Santo en estas páginas impactará y cambiará aún más sus vidas para llevarlas a nuevos niveles.

"*18Después dijo Jehová Dios: «No es bueno que el hombre esté solo: le haré ayuda idónea para él»*". *Génesis 2.18*

¡Dios les bendiga!!!

Bibliografía

Biblia de Estudio Arco Iris. Versión Reina-Valera, Revisión 1960, Texto bíblico copyright© 1960, Sociedades Bíblicas en América Latina, Nashville, Tennessee, ISBN: 1-55819-555-6.

Biblia Plenitud. 1960 Reina-Valera Revisión, ISBN: 089922279X, Editorial Caribe, Miami, Florida.

Diccionario Español a Inglés, Inglés a Español. Editorial Larousse S.A., impreso en Dinamarca, Núm. 81, México, ISBN: 2-03-420200-7, ISBN: 70-607-371-X, 1993.

El Pequeño Larousse Ilustrado. 2002 Spes Editorial, S.L. Barcelona; Ediciones Larousse, S.A. de C.V. México, D.F., ISBN: 970-22-0020-2.

Expanded Edition the Amplified Bible. Zondervan Bible Publishers. ISBN: 0-31095168-2, 1987 – Lockman Foundation USA.

Reina-Valera 1995 - Edición de Estudio, (Estados Unidos de América: Sociedades Bíblicas Unidas) 1998.

Strong James, LL.D, S.T.D., *Concordancia Strong Exhaustiva de la Biblia*, Editorial Caribe, Inc., Thomas Nelson, Inc., Publishers, Nashville, TN - Miami, FL, EE.UU., 2002. ISBN: 0-89922-382-6.

The New American Standard Version. Zordervan Publishing Company, ISBN: 0310903335.

The Tormont Webster's Illustrated Encyclopedic Dictionary. ©1990 Tormont Publications.

Vine, W.E. *Diccionario Expositivo de las Palabras del Antiguo Testamento y Nuevo Testamento.* Editorial Caribe, Inc./División Thomas Nelson, Inc., Nashville, TN, ISBN: 0-89922-495-4, 1999.

Ward, Lock A. *Nuevo Diccionario de la Biblia.* Editorial Unilit: Miami, Florida, ISBN: 0-7899-0217-6, 1999.

ERJ PUBLICACIONES

Cómo Ser Libre de la Depresión

Guillermo Maldonado

Usted encontrará en este maravilloso libro, escrito a la luz de las Sagradas Escrituras, un verdadero manual práctico que le enseñará, paso a paso, cómo enfrentarse a la depresión y ser libre de ella para siempre.

ISBN: 1-59272-018-8 | 80 pp.

Fundamentos Bíblicos para el Nuevo Creyente

Guillermo Maldonado

Este libro guiará al nuevo creyente a la experiencia de un nuevo nacimiento, y lo animará a crecer en el Señor.

ISBN: 1-59272-005-6 | 90 pp.

El Perdón

Guillermo Maldonado

No hay persona que pueda escaparse de las ofensas, por lo que en algún momento de su vida, tendrá que enfrentarse con la decisión trascendental de perdonar o guardar una raíz de amargura en su corazón.

ISBN: 1-59272-033-1 | 76 pp.

La Unción Santa

Guillermo Maldonado

El gran éxito que han obtenido algunos líderes cristianos, se debe a que han decidido depender de la unción de Dios. En este libro, el pastor Guillermo Maldonado ofrece varios principios del Reino que harán que la unción de Dios aumente cada día en su vida y así obtenga grandes resultados.

ISBN: 1-59272-003-X
173 pp.

Descubra su Propósito y su Llamado en Dios

Guillermo Maldonado

Mediante este libro, se pretende capacitar al lector para que pueda hacerse "uno" con su llamado; y además, adiestrarlo en el proceso que lleva a un cristiano a posicionarse en el mismo centro de "el llamado" de Dios para su vida.

ISBN: 1-59272-037-4 | 222 pp.

La Familia Feliz

Guillermo Maldonado

Este libro se ha escrito con el propósito primordial de servir de ayuda, no sólo a las familias, sino también a cada persona que tiene en mente establecer una. Estamos seguros que en él, usted encontrará un verdadero tesoro que podrá aplicar en los diferentes ámbitos de su vida familiar.

ISBN: 1-59272-024-2 | 146 pp.

ERJ PUBLICACIONES

La Generación del Vino Nuevo

Guillermo Maldonado

En este libro, usted encontrará pautas que le ayudarán a enrolarse en la generación del Vino Nuevo, que es la generación que Dios está preparando para que, bajo la unción y el poder del Espíritu Santo, conquiste y arrebate lo que el enemigo nos ha robado durante siglos, y podamos aplastar toda obra de maldad.

ISBN: 1-59272-016-1 | 211 pp.

Líderes que Conquistan

Guillermo Maldonado

Es un libro que lo llevará a desafiar lo establecido, a no conformarse, a no dejarse detener por topes o limitaciones; de tal modo, que no sólo cambiará su vida, sino que será de inspiración y motivación para muchos que vendrán detrás de usted buscando cumplir su propio destino en Dios.

ISBN: 1-59272-022-6 | 208 pp.

Evangelismo Sobrenatural

Guillermo Maldonado

Solamente el dos por ciento de los cristianos han guiado una persona a Jesús en toda su vida. Por esa razón, el pastor Guillermo Maldonado, por medio de este libro, presenta a los creyentes el gran reto de hacer un compromiso con Dios de ser ganadores de almas, y cumplir con el mandato de Jesucristo para todo creyente.

ISBN: 1-59272-013-7 132 pp.

El Poder de Atar y Desatar

Guillermo Maldonado

Este libro tiene el propósito de transformar su vida espiritual, enfocándonos de forma directa, en el verdadero poder que tenemos en Cristo Jesús. El conocer esta realidad, le hará dueño de una llave del Reino que le permitirá abrir las puertas de todas las promesas de Dios; y al mismo tiempo, podrá deshacer todas las obras del enemigo.

ISBN: 1-59272-074-9
100 pp.

La Oración

Guillermo Maldonado

Por medio de este libro, podrá renovar su interés en la oración; pues éste le aclarará conceptos fundamentales, y le ayudará a iniciar o a mantener una vida de comunión constante con Dios.

No es un libro de fórmulas o pasos para la oración, sino que va más allá, guiándonos al verdadero significado de la oración.

ISBN: 1-59272-011-0
181 pp.

La Doctrina de Cristo

Guillermo Maldonado

Es imprescindible que cada cristiano conozca los principios bíblicos fundamentales, sobre los cuales descansa su creencia en Dios para que sus cimientos sean fuertes.

Este libro suministra enseñanzas prácticas acerca de los fundamentos básicos de la doctrina de Cristo, que traerán revelación a su vida sobre el tipo de vida que un cristiano debe vivir.

ISBN: 1-59272-019-6
136 pp.

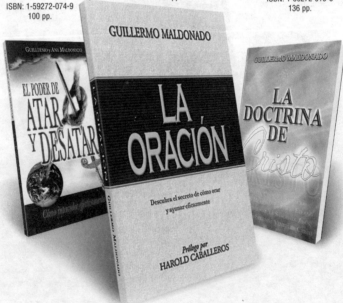

ERJ
PUBLICACIONES

Cómo Volver al Primer Amor

Guillermo Maldonado

Este libro nos ayudará a reconocer qué es el primer amor con Dios y cómo mantenerlo, para que podamos obtener una relación genuina con nuestro Padre Celestial.

ISBN 1-59272-121-4 | 48 pp.

La Toalla del Servicio

Guillermo Maldonado

El propósito de este libro es que cada creyente conozca la importancia que tiene el servicio en el propósito de Dios para su vida, y que reciba la gran bendición que se adquiere al servir a otros. Aquí encontrará los fundamentos que le ayudarán a hacerlo con excelencia, tanto para Dios como para los que le rodean.

ISBN: 1-59272-100-1 | 76 pp.

El Carácter de un Líder

Guillermo Maldonado

Muchos ministerios han caído debido a la escasez de ministros íntegros y cristalinos en su manera de pensar, actuar y vivir. Han tenido que pagar las duras consecuencias de no haber lidiado a tiempo con los desbalances entre el carácter y el carisma. ¡Dios busca formar su carácter!

Si está dispuesto a que su carácter sea moldeado, este libro fue escrito para usted. ¡Acepte el reto hoy!

ISBN: 1-59272-120-6 64 pp.

ERJ PUBLICACIONES

Sanidad Interior y Liberación

Guillermo Maldonado

Este libro transformará su vida desde el comienzo hasta el fin. Pues, abrirá sus ojos para que pueda ver las áreas de su vida que el enemigo ha tenido cautivas en prisiones de falta de perdón, abuso, maldiciones generacionales, etcétera. Porque *"conoceréis la verdad y la verdad os hará libres"*.

ISBN: 1-59272-002-1
267 pp.

La Liberación: El pan de los hijos

Guillermo Maldonado

- ¿Cómo comenzó el ministerio de la liberación?
- ¿Qué es la autoliberación?
- ¿Qué es la iniquidad?
- ¿Cómo vencer el orgullo y la soberbia?
- ¿Cómo vencer la ira?
- ¿Cómo ser libre del miedo o temor?
- La inmoralidad sexual
- 19 verdades que exponen al mundo místico
- ¿Qué es la baja autoestima?

ISBN: 1-59272-086-2 | 299 pp.

La Inmoralidad Sexual

Guillermo Maldonado

De este tópico, casi no se habla en la iglesia ni en la familia; pero sabemos que hay una necesidad muy grande de que el pueblo de Dios tenga un nuevo despertar y comience a combatir este monstruo escondido que tanto afecta a los hijos de Dios. Este libro ofrece el conocimiento básico y fundamental para tratar con este problema.

ISBN: 1-59272-145-1 | 146 pp.

ERJ PUBLICACIONES

La Madurez Espiritual

Guillermo Maldonado

En esta obra, usted encontrará una nueva perspectiva de lo que significa la madurez espiritual, que lo orientará a identificar su comportamiento como hijo de Dios. Este material lo ayudará no sólo a visualizar los diferentes niveles de madurez que hay, sino también, a descubrir en cuál de ellos se encuentra para hacer los ajustes necesarios para ir a su próximo nivel de madurez.

ISBN: 1-59272-012-9
103 pp.

El Fruto del Espíritu

Guillermo Maldonado

En este libro, usted conocerá cuáles son y cómo se manifiestan los frutos del espíritu. Cada cristiano debe procurar estos frutos para su vida y atesorarlos de una manera especial. Pues, éstos son su testimonio al mundo de lo que Dios ha hecho en su vida, de manera que, cuando el hijo de Dios hable, el reflejo de su Padre acompañe sus palabras y éstas tengan un impacto mayor y más efectivo.

ISBN: 1-59272-184-2 | 170 pp.

Cómo Oír la Voz de Dios

Guillermo Maldonado

¿Desea aprender a oír la voz de Dios? Esta habilidad puede ser desarrollada en usted al aplicar las enseñanzas de este libro; no sólo para conocerlo cada vez más, sino también, para poder fluir en lo sobrenatural.

ISBN: 1-59272-015-3
190 pp.

«Hay un clamor alrededor de la tierra de millones de hombres y mujeres que están clamando...
¡Necesito un Padre!»

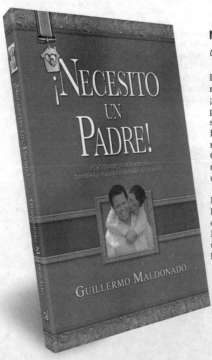

Necesito un Padre

Guillermo Maldonado

Hay muchos hijos espirituales y naturales que están huérfanos y que claman: ¡necesito un padre! Muchos de ellos sin propósito, sin dirección, sin destino, sin saber de dónde vienen ni a dónde van. Este libro le traerá una maravillosa revelación acerca de quién es el Padre Celestial, el padre espiritual y el padre natural; también, le enseñará lo que es un verdadero hijo.

Reciba hoy, a través de este maravilloso libro, la revelación del Espíritu Santo, que lo llevará a conocer a Dios como su Padre Celestial. Aprenda a desarrollar una comunión íntima con Él y a ser un hijo leal y maduro.

ISBN: 1-59272-183-4 | 199 pp.

La pregunta que flota, hoy día, en el ambiente cristiano es:
¿Quién es y cómo se reconoce a un verdadero apóstol?
Para revelar esta incógnita, nace este libro,

EL MINISTERIO DEL APÓSTOL

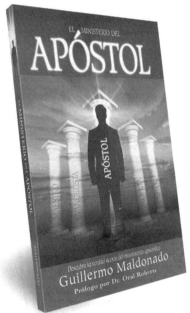

El Ministerio del Apostol
Guillermo Maldonado

A través de las páginas de esta obra, usted será adiestrado para reconocer las marcas, señales y características inherentes a un verdadero apóstol de Dios. Aprenderá sus características, funciones, señales y propósitos; cuál es la mentalidad apostólica, es decir, cómo piensa un verdadero apóstol; cómo es su corazón, cuál es su misión, cuáles son las herramientas que usa para edificar la iglesia, y mucho más.

ISBN: 1-59272-230-X | 180 pp.

La pastora Ana Maldonado nació en "La Joya", Santander, Colombia. Proviene de una familia numerosa, y es la octava de 16 hermanos. Actualmente, reside en la ciudad de Miami, Florida, con su esposo, el pastor Guillermo Maldonado, y sus hijos Bryan y Ronald. La pastora es una mujer de oración, usada fuertemente por Dios, en la Intercesión Profética, en la Guerra Espiritual y en el ministerio de Sanidad Interior y Liberación; pues su objetivo es deshacer las obras del enemigo y rescatar al cautivo. Constantemente, emprende retos y desafíos para restaurar familias, suplir las necesidades de niños de escasos recursos y mujeres abusadas, fundando comedores y casas de restauración. También, reta y levanta a los hombres para que tomen el lugar que les corresponde como sacerdotes del hogar y del ministerio. Es co-fundadora del Ministerio Internacional El Rey Jesús, reconocido como el ministerio hispano de mayor crecimiento en los Estados Unidos y de grandes manifestaciones del Espíritu Santo. Este ministerio nació en el año 1996, cuando ella y su esposo decidieron seguir el llamado de Dios en sus vidas. La pastora Ana Maldonado se dedica al estudio de la Palabra desde hace más de 20 años, y posee un Doctorado Honorario en Divinidad de "True Bible College".

De la Oración a la Guerra
por la pastora Ana G. Maldonado

Éste es un libro que está trayendo un alto nivel de confrontación al pueblo cristiano; un pueblo que ha permanecido en la comodidad y el engaño de creer que puede alcanzar las promesas de Dios sin pagar el precio de la oración y la intercesión. El lector se sentirá sacudido por el poderoso testimonio de esta mujer de Dios, que fue de hacer oraciones de súplica a convertirse en un general del ejército del Dios Todopoderoso. El lector se sentirá desafiado por una mujer y una madre que se levanta, día tras día, en oración y guerra espiritual contra el enemigo, para arrebatarle por la fuerza lo que pertenece a los hijos de Dios y a su Reino.

Es hora de que usted renuncie al temor a Satanás y acepte el desafío de usar la autoridad que Jesús le delegó para mantener al diablo bajo sus pies y para conquistar todos los terrenos que Dios ha preparado para su pueblo. ¡Anímese a pasar de la Oración a la Guerra!

ISBN: 1-59272-137-0 | p. 134